QUELQUES SEMAINES

DE PARIS.

T. 2.ͤ

Ma Sœur, c'est le revenant.

QUELQUES SEMAINES

DE PARIS.

TOME SECOND.

Pour corriger les mœurs, il faut les dévoiler.

A PARIS,

Chez MARADAN, Libraire, rue Pavée-
Saint-André-des-Arcs, n°. 16.

AN IX.

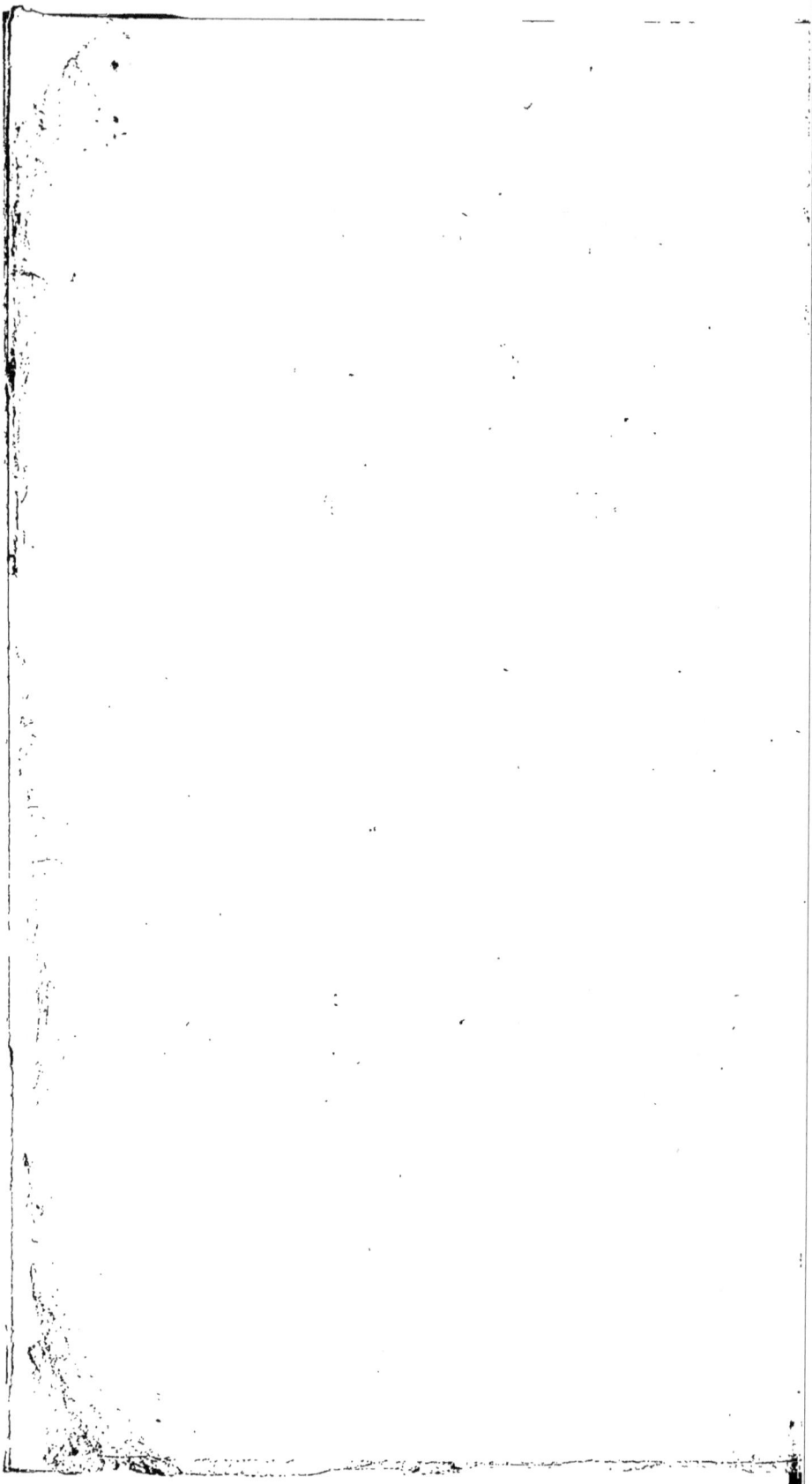

QUELQUES SEMAINES

DE PARIS.

CHAPITRE PREMIER.

La lanterne magique.

MAIS nous avons un engagement à remplir..... — *Qu'était-il arrivé à Valbrun, la veille du dîner de Derville?*

Nous avons promis de ne rien cacher, il faut parler ; mais..... que de pages encore à arracher !

Reportez-vous, par la pensée, s'il

vous plaît, à la fin du chapitre xv du
tome i. — Y êtes-vous? Valbrun galop-
pe après la belle inconnue...Je vous
ai remis sur sa piste. — Suivons - les
tous les deux.

Vous l'avez déjà vu quitter Derville et les dames, au bois de Boulogne, pour suivre une jeune amazone, montée sur un charmant limousin, qu'elle manie avec toute
la grace possible. — Le voyez-vous
maintenant qui vient de l'atteindre
aux dernières barrières ? — Il l'accompagne avec acharnement jusqu'à
l'hôtel où elle s'arrête. — Valbrun
est beau garçon, n'est-ce pas ? Sa
figure est intéressante..... Tant de
graces peuvent bien faire excuser
une faiblesse.... Qu'en dites-vous,
madame? La petite personne a-t-elle
tort de l'avoir distingué ? — D'avoir

remarqué avec plaisir l'attention qu'il lui donne ?

Ses fenêtres ont vue sur le boulevard. S'y montrera-t-elle ? — Oui, elle y paraît. Le jeune homme est enchanté. — Il confie son cheval à son domestique. — Le voilà rôdant à pied autour de la maison. — Il voudrait découvrir un moyen, inventer quelque prétexte, pour s'y introduire.....

Hé quoi ! le sage, le raisonnable Valbrun, l'amant aimé de la sensible Emma, s'enflammer aussi légèrement, quand vous nous l'avez montré résistant avec succès aux attaques de femmes, qui n'étaient pas sans mérite ! — Quelle inconséquence ! — Quelle invraisemblance ! — Quelle.....

Mais, monsieur, si vous parlez toujours, 1°. je ne pourrai pas vous répondre; 2°. vous m'empêcherez de vous expliquer la suite du tableau magique et mouvant, que nous avons l'honneur de mettre sous vos yeux; 3°. vous me forcerez à me taire, et ce serait dommage. Apprenez donc, qu'en témoignant un desir si violent de connaître la dame à l'amazone et au cheval limousin, monsieur de Valbrun ne fait que céder à un simple mouvement de curiosité très-pardonnable. — La dame à l'amazone et au cheval limousin, ressemble, quoiqu'en beau, à une parente, qu'il a beaucoup aimée, et dont il chérit encore la mémoire.

Quel être sensible n'a jamais éprouvé le pouvoir de ces affections prenières, qui marquent la limite entre 'enfance et la puberté; affections dont l'effet subsiste long - temps intact pendant l'âge mûr, et dont le souvenir se prolonge jusque dans la vieillesse ?

En savez-vous assez, censeur impitoyable ? ou faut-il vous dire tout nettement, que l'amazone du bois de Boulogne, ressemblait fort à une dame, qui..... dont...... que Valbrun avait..... beaucoup aimée ?

Le voyez - vous, rêvassant, arpentant le boulevard, se dire à lui-même : « Ce n'est pas elle, à coup sûr. — Mais, c'est peut - être sa fille ? — Sa fille ? — Oui.... sa petite Claire aurait à-peu-près cet âge....

Pendant ce monologue, quel est cet homme qui en récite un autre, derrière Valbrun ? Eh ! mais, c'est quelqu'un de notre connaissance ;

3

tout justement , monsieur Durfort.
— *Sa fille !* répète-t-il. *Claire !* —
Que veut-il dire ? — Tous ces artistes ont la tête un peu..... Et il
se frappait le front , et il suivait toujours le jeune peintre.....

Les fumées d'un joyeux dîner , fait
à la suite d'un gain considérable chez
Prévost , ont disposé monsieur Durfort à la gaîté. — Il oublie que le
prétendu Félix lui a causé de l'om-
brage auprès de certaine grande
dame ; il oublie (tant le vin donne
d'amour - propre) qu'un homme de
la tournure de Valbrun peut devenir
un dangereux rival. Il se souvient
seulement qu'il est peintre. — Mais
regardons-le faire , et écoutons-le
dire.

Parbleu ! monsieur , je suis enchanté de vous rencontrer ici....

VALBRUN, *en lui-même.*

La peste soit de l'importun ! (*haut*)
Monsieur..... Certainement.....

DURFORT.

Eh quoi ! en éperons !

VALBRUN, *un peu embarrassé.*

Mon cheval et mon domestique sont
là auprès..... Je viens.....

DURFORT.

Ah ! diable ! je suis fâché de cela...
Je vous aurais proposé.....

VALBRUN, *l'interrompant.*

Infiniment reconnaissant. — Je ne

4

prends jamais rien le soir. (*Il fait un geste d'impatience.*)

DURFORT.

Ah ! pardon, je vous gêne. —J'aurai l'honneur de vous voir chez vous. — Je voulais vous offrir , dans cette maison , une tasse de thé.....

VALBRUN, *étonné.*

Quoi !..... là !....

DURFORT.

Eh ! oui. Cela vous étonne ?

VALBRUN.

Nullement..... C'est que je ne vois pas.....

DURFORT.

Mais, vous avez refusé. — Vous

y perdez, au moins : c'est une femme charmante, dont j'allais vous faire faire la connaissance.

VALBRUN, *vivement.*

Monsieur, vous ne m'aviez pas dit cela. — Une jolie femme ! — Jamais a-t-on refusé pareil bonheur ?

DURFORT, *riant d'un gros rire.*

Hé ! comme vous prenez feu ! Quoi ! tout-à-l'heure si rêveur, à présent si vif ! — Ah ! je le disais bien..... tous ces artistes..... A propos de cela, dites-moi donc, je vous prie, quelle est cette *demoiselle Claire,* que vous appeliez tout seul ? — *Sa fille ?* disiez-vous.....

VALBRUN.

Oh ! rien..... rien absolument.

— Il était question d'un tableau de famille, qu'on m'a chargé de composer.....

DURFORT.

Et vous arrangiez vos personnages ?

VALBRUN.

Précisément.

DURFORT.

Je m'en doutais : j'avais deviné cela.

VALBRUN.

Oh ! vous êtes fin. — Mais, vous parliez d'entrer.....

DURFORT, *mystérieusement.*

Un moment. - Cette jeune femme,

chez laquelle je vais vous conduire, elle. .... m'appartient. ....

VALBRUN, *étonné.*

Elle vous. .....

DURFORT.

Oui, c'est ma maîtresse. — Je desirerais la faire peindre ; et c'est sur vous que j'ai jeté les yeux. — Vous jugez bien qu'il faut ici beaucoup de discrétion. .... — Vous allez la voir, et je veux vous faire convenir qu'on ne peut manger son argent avec une plus gentille petite personne.

Et voyez-vous, ami Lecteur, ces deux messieurs entrer dans l'hôtel ? et voyez-vous monsieur Durfort présenter le peintre en modèle ? et voyez-vous celui-ci recevoir Valbrun avec

6

une politesse froide qui l'étonne d'a-
bord, mais à laquelle il a bientôt as-
signé une cause? et voyez-vous la
table à thé se dresser, et la jeune
Fanny en faire les honneurs avec les
graces qui la distinguent ? — Et
voyez-vous ce brillant équipage qui
passe sur le boulevard, et cette femme qui met la tête à la portière, et
la retire bien vîte avec un mouvement de dépit et de honte? — Ce
brillant équipage, c'est celui de madame Dufeuil; cette femme, c'est
Emma, qui, malgré l'obscurité, a reconnu le cheval de Valbrun et son
jockey : Emma, dont l'esprit tra-
vaille péniblement, et dont le cœur
est en proie à de nouveaux soupçons..... La voiture a passé avec la
rapidité de l'éclair.... à peine a-
t-elle eu le temps d'appercevoir....
Mais le trait est parti, et il a pénétré
bien avant dans son ame. — Derville

aussi a reconnu le cheval, et n'a garde d'en convenir. — Il sert chaudement son ami ; mais tout-à-l'heure , il va le servir encore bien mieux.

Valbrun vient de renvoyer son domestique et ses chevaux. — Il en est à sa quatrième tasse de thé , et Fanny n'a pas daigné lui jeter un coup-d'œil. — Durfort , depuis une demi-heure, se livre à sa grosse gaîté , quand on lui apporte un billet , dont la suscription le fait pâlir. — Il se lève aussitôt ; et balbutiant précipitamment quelques excuses à Valbrun , le laisse tête-à-tête avec l'amazone.

Enfin, nous en voilà débarrassés, dit celle-ci , en rompant la première le silence qui avait suivi son départ. Mon accueil a dû vous surprendre. — Vous ne vous y attendiez pas, je gage, et j'ai cru m'appercevoir.....

VALBRUN, *en souriant.*

Madame, vous faites injure à ma modestie. — On peut avoir la témérité de vous trouver trop séduisante, mais non la présomption de croire.....

FANNY.

Tenez, vicomte, je n'aime pas les phrases.... mais je vois votre étonnement. — Vous appeler de ce nom, c'est vous dire que je vous connais depuis long-temps. — Vous essayeriez en vain de deviner où nous nous sommes vus. — Mon caractère est franc, et j'aime à trouver des imitateurs. — Vous me regardiez attentivement, je vous reconnus. — Vous aviez quitté votre société pour me suivre, je vous en sus gré. Mes regards ne vous l'ont-ils pas assez dit?

—J'étais loin de croire le vicomte de Valbrun à Paris. Au plaisir de le revoir se joignit celui de la surprise, dont l'attrait est le plus puissant, parce qu'il est le plus imprévu. — Que cette franchise ne vous paraisse point étrange. — Dans les circonstances où mon malheureux sort m'a placée, en butte aux soupçons d'un jaloux qu'il faut ménager, eût-il été bien sage à moi de les éveiller par des prévenances? — Et maintenant que le hasard nous en a délivrés, tout ne me commande-t-il pas de mettre à profit des instans toujours précieux? — Oui, Valbrun, dès long-temps je vous trouvai aimable; je vous le dis aujourd'hui, parce que je sens que n'étant plus digne de vous, c'est à moi de faire les avances.

Qu'est devenu Valbrun pendant cette singulière déclaration ? Avez-

vous remarqué comme il tombait des
nues en s'entendant nommer, comme
toute la tirade l'avait étonné, comme il s'était presqu'attendri sur la
fin? — Sa curiosité est vivement excitée..... mais trouvant le moment
peu favorable pour faire des questions, elle cède la place à un autre
sentiment. .... Il oublie le but de sa
démarche, et mademoiselle Claire,
et la mère de mademoiselle Claire;
il s'oublie lui-même, des genoux de
Fanny passe dans ses bras, soupe
chez elle, et.....

(*La toile se baisse.*)

Il faut par-tout de la décence. Et
depuis qu'on a écrit en gros caractères sur la porte de tous les théâtres:
Ecole des mœurs, on n'a jamais blessé
les grandes règles aux ombres chi-
noises, ni à la lanterne magique.

Cependant, par égard pour certains lecteurs qui aiment les détails, dérogeant pour quelques lignes à la gravité de nos fonctions, nous nous abaisserons jusqu'à dire, à la justification du coupable Valbrun, et à la louange de l'expéditive Fanny, que cette nuit leur parut à tous deux aussi courte que tant de nuits du même genre paraissent longues à bien d'autres.

La jeune amazone était un modèle d'amabilité. Sa conversation aisée, décente et soutenue, s'embellissait des ressources d'un esprit fin et cultivé, et de talens, marques certaines d'une éducation soignée. — Elle plaisanta beaucoup sur l'opinion qu'elle avait sans doute donnée d'elle à Valbrun. Elle lui répète cent fois qu'elle l'aimait : et il devait la croire ; car elle le lui prouva.....

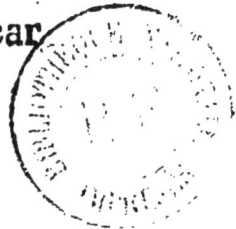

On démêlait cependant au travers de cette pétulance, les lueurs d'une sensibilité précieuse, les mouvemens d'un cœur généreux. — Valbrun était enivré. — Mais un souvenir prompt comme l'éclair, fut pour lui le bouclier du chevalier danois. Il se rappela Emma, et rougit.

L'impétueuse Fanny ne tarda pas à s'appercevoir de ce changement subit.

Tiens, lui dit-elle, je le sais; tu me méprises, et tu as tort. — J'aurais pu me conduire avec plus d'art : mais je ne suis plus digne de toi, et je rougirais de devoir l'estime d'un honnête homme à un manège qui m'enlèverait la mienne propre. — En vain tu me presserais de te révéler où je t'ai connu ; sache seulement que ce n'était point en France. Je mets autant d'orgueil à cacher ce que je suis, que d'autres à ma place employeroient d'empressement à le dire. Au milieu des délices de cette nuit, le remords, je l'avoue, s'est deux ou trois fois fait jour dans mon cœur. Mais je te rendais heureux : je jouissais de ton ivresse. — Cependant, le moment des regrets arrive ; l'illusion va s'évanouir avec ta présence ; et livrée aux reproches de cette voix secrète qui ne trompe jamais l'ame honnête, je vais expier dans les larmes et le repentir, quelques instans comptés par un bonheur fugitif. Tu me méprises, répéta-t-elle encore avec un accent vraiment touchant ; tu me méprises, Valbrun ; tu le dois, et tu as tort.

Celui-ci, attendri, fut presque tenté de balancer. — Mais l'amour l'emporta bientôt sur les sens. — Il

s'arracha des bras de la dangereuse
sirène. Elle pleurait...... Que la
douleur la rendait belle ! — Tu ne
reviendras pas ! — Malheureuse que
je suis ! — Valbrun était né sensible. O mon Emma ! se dit-il en
essuyant une larme prête à trahir
son émotion, pardonne à ce dernier
témoignage de l'intérêt que com-
mande cette femme extraordinaire.
— Une ame endurcie serait autant
indigne de toi qu'un cœur volage.....
En donnant un soupir à cette infortu-
née, je paye le tribut réservé au malheur, et je rends à tes vertus un hommage qu'elles ne dédaigneront pas.

Il s'éloigna à cette réflexion, l'esprit incertain, le cœur troublé. —
Quel mélange inconcevable de folie
et de sensibilité, de gaîté et de raison, dit-il, en rentrant, à Derville qu'il
trouva à déjeûner. Quel assemblage

incohérent et pourtant aimable , de
bon et de mauvais, de tendresse sen-
tie et de légéreté piquante ! Quelle
conduite extraordinaire et disparate!
— Que penser de ces femmes com-
parées à nos coquettes si adroitement
manégées? Les unes, livrées en entier
au plaisir du moment ; les autres ,
subjuguées par l'attrait de l'amour-
propre. Celles-ci , infidelles par goût ;
celles-là , volages par nécessité. Les
unes , souillant par des excès un
lien respectable et sacré; les autres ,
honorant quelquefois par des qualités des nœuds fragiles formés par
le hasard ou la convenance.......
Ninon posséda toutes les vertus de
notre sexe , et Ninon n'eut jamais
la vertu du sien.....

Mon ami , je vous arrête ici , interrompit Derville. Ninon est un exemple trop séduisant pour n'être pas

dangereux. Moderne Aspasie, quelle femme pourrait se flatter de racheter comme elle ses écarts par d'aussi sublimes qualités? — Quand une femme veut être homme, il faut qu'elle soit grand homme, ou elle n'est plus qu'un ridicule pygmée. — Chaque individu de ce sexe charmant, dans l'ordre naturel et politique, doit à la société, en retour de la protection qu'il en reçoit, obéissance et respect aux institutions sociales. Dépositaires d'un gage sacré, elles cessent de s'appartenir à elles-mêmes, dès qu'elles sont à leurs enfans. Le vœu de la nature, en traçant leurs fonctions, a posé la limite précise de leurs devoirs. Tant qu'elles sont en état de remplir les premières, elles ne peuvent enfreindre les seconds. — Certes, leurs faux pas ne sont point des crimes : la faute a son excuse, et le malheur a ses droits.

— On peut plaindre leur faiblesse, mais non justifier leurs écarts. Encourager l'une, c'est autoriser les autres. — J'accorde à Fanny une ame et de l'esprit. Emma..... mais je gâterais sa cause en la plaidant. Vous avez là, Valbrun (*en lui mettant la main sur la poitrine*), un tribunal sévère, infaillible, qui a déjà, j'en suis sûr, décidé sans appel.

— Quoi ! c'est monsieur Derville, que nous venons d'entendre ? — Il a pu parler raison pendant un demi-quart-d'heure, sans être tenté de mêler quelques plaisanteries aux préceptes de sa morale ? Mais écoutons-le jusqu'au bout.

Au reste, mon ami, continua-t-il, mon austérité ne s'étend pas bien loin. Pour la première fois, je me surprends moralisant. J'ai toujours

pensé qu'il n'appartenait qu'aux ca-
pucins prédicans, de fronder les er-
reurs d'un siècle, qu'ils ne connaissent
pas et qui se moque d'eux. C'est au
sage à les fuir, et aux gens aimables
à en profiter. — Vous ne vous doutez
pas que c'est à moi, qui vous ser-
mone avec tant d'onction, à moi,
que vous écoutez avec tant de surprise, à votre ami Derville enfin, que
vous devez cette nuit délicieuse....
— Votre étonnement redouble. —
Voici le fait. — En revenant de Ba-
gatelle, avec madame Dufeuil, je
reconnus votre cheval, arrêté sur le
boulevard, avec votre jockei. Je vous
avais vu suivre, grand train, l'amazone; je ne doutai pas que vous ne
fussiez chez elle. Emma fit tacite-
ment la même réflexion..... (*Ici la
figure de Valbrun se rembrunit.*)
Madame Dufeuil plaisanta beaucoup;
et chacune de ses saillies enfonçait le

poignard dans l'ame de votre amie.
— Voulant m'éclairer sur tout cela,
je m'échappai, et je revins ici, où
je trouvai Lafleur, qui ramenait vos
chevaux. — Je sus, par lui, la de-
meure précise de Fanny, et que Durfort, dont elle est sans doute la maîtresse, vous avait complaisamment
introduit chez elle. L'idée d'une espiéglerie me passa par la tête. Il
s'agissait de confondre l'intrigue, de
servir l'amitié. Aussi-tôt un billet ano-
nyme, que je fais écrire par mon
valet-de-chambre, annonce à la jalouse madame de Forban, que son
attentif est *en partie* dans une maison qu'on lui désigne. — Sûr du succès
de ma ruse, j'aposte un homme, qui
ne tarde pas à venir me rapporter que
monsieur Durfort, qui a reçu un
message de la comtesse, furieuse,
est sorti, sur-le-champ, pour
l'aller trouver. Ils sont peut-être

II.   B

brouillés, et je m'en inquiète fort
peu.....

Mais Emma, interrompit Valbrun?

Emma avait déjà des soupçons.
Que vous eussiez, ou non, passé la
nuit chez Fanny, le coup n'en était
pas moins porté, et, innocent ou
coupable, puisque vous aviez, dans
son esprit, les honneurs de la faute,
il fallait, de votre côté, en avoir le
plaisir. — D'ailleurs, ce léger mal
est facile à réparer; je m'en charge.

Ami cher et précieux, rendez-moi
son estime, et je vous devrai plus
que la vie.....

Ah! voilà Fanny oubliée. Hé bien!
tant mieux; tout aussi bien, vous ne
l'auriez pas revue.....

Pourquoi?....

Parce qu'en avertissant madame de Forban, mon but était de vous servir de toutes manières. J'avais calculé que Durfort, pour conserver les bonnes graces de la comtesse, et en même temps mettre Fanny à l'abri de ses poursuites, et peut-être de son ressentiment, allait faire déloger celle-ci, et lui choisir une retraite des plus cachées. — Ce soir, elle aura disparu pour vous; et vous devrez de nouvelles actions de graces à l'ami sage, qui, en vous ménageant des instans agréables, n'a pas voulu que leurs suites vous portassent préjudice. — Ces sortes de liaisons ne conviennent point à un homme aimable. — Courtes, elles cessent d'être dangereuses; mais plus suivies, elles deviendraient à craindre. On trouve, dans le commerce de presque toutes ces femmes, lorsqu'elles vous aiment, une facilité, qui émousse la délicatesse et détruit le principe du sentiment. Et puis, n'est-elle pas révoltante, l'idée de partager clandestinement une propriété pécuniaire, qui n'est pas la sienne? On sourit à l'écolier espiègle qui va cueillir des fruits dans un jardin enclos : on ne pardonne point à l'audacieux braconnier, qui fait métier de chasser le gibier d'autrui.

Valbrun convint de la justesse de ces réflexions, qu'il avait déjà faites dans son cœur. Il n'en avait pas eu besoin pour se déterminer à ne plus revoir la séduisante Fanny; mais, pénétré de cette maxime si vraie, que le riche libertin, qui va sans cesse marchandant des filles, est moins méprisable encore que le freluquet obscur, qui en use gratuitement, il envoya, sur-le-champ, à Fanny, un très-beau voile, qu'il

avait rapporté d'Angleterre , et que
probablement il n'avait pas rapporté
pour elle.

CHAPITRE II.

Une fête à la campagne.

MAIS hâtons-nous de revenir à la fin du chapitre XVI du tome I.

Tandis que Derville était en mauvaise compagnie, madame Dufeuil, vivement éprise de lui, ne songeait qu'aux moyens de le fixer. — Elle ne dormit pas cette nuit-là : mais l'amour n'était pas la seule cause de son insomnie. Un millionnaire, dont la femme était charmante, lui donnait une fête à sa maison de campagne, située à quatre lieues de Paris.

La meilleure compagnie y était invitée ; madame Dufeuil voulait y briller, et on ne lui avait pas apporté la veille un ajustement magnifique qui devait produire le plus grand effet ! — A dix heures, elle avait déjà sonné pour envoyer chez *monsieur Leroy*. — Son humeur était au comble, quand Dufeuil entra chez elle, et, d'un air distrait, lui présenta une garniture de diamans qu'il venait de faire remonter à neuf.

Elle s'appaisa un peu ; *monsieur Leroy* arriva avec l'ajustement tant desiré, et l'on put espérer dès-lors de passer pour une des plus jolies femmes de la réunion. — Emma cependant lui faisait tort. Sans pierreries, sans autre parure que sa jeunesse et ses graces, sans autre éclat qu'une élégante simplicité et une extrême fraîcheur, Emma maîtrisait tous les

4

cœurs, quand sa tutrice attirait tous les regards.

Derville devait être de la fête ; la certitude de l'y rencontrer donnait à madame Dufeuil une gaîté qui ne lui était pas très-ordinaire ; et (ô pouvoir suprême de l'espérance !) son mari en fut traité pendant tout le trajet avec moins de dédains que de coutume.

On arrive. — Déjà beaucoup de monde était rassemblé. Un murmure général d'applaudissemens accueillit les deux dames. — Et réellement peu de femmes pouvaient leur disputer le prix de la beauté. Emma, toujours modeste, parut ne pas s'appercevoir d'une impression de plaisir si ouvertement manifestée. Pour madame Dufeuil, elle en fut enivrée. — Mais qui pourrait dire jusqu'à quel point s'exalta son amour-propre, quand elle se vit l'objet presqu'unique des attentions de Derville ?

La réception brillante qu'on lui avait faite, avait, en flattant celui-ci, déterminé enfin la publicité de son hommage. Il se déclara son chevalier, et, dès ce soir, la pauvre femme fut complètement affichée : il est vrai qu'il n'eut pas grands frais à faire. Son étourderie épargna au séducteur la moitié de la peine.

Mais cette soirée, qui devait, ainsi qu'on le verra, être celle aux accidens, commença par un fort étrange. — Ce fut la jalousie de Dufeuil, qui, pour la première fois, s'avisa de tenir l'œil ouvert sur les démarches de sa chère moitié ; et afin de la surveiller plus facilement, confia Emma aux soins de l'homme noir.

La fête fut charmante. On y volait de plaisirs en plaisirs. Les artistes les plus célèbres de la capitale, parfaitement accueillis par les maîtres de la maison, s'étaient fait un devoir de concourir ensemble à l'embellir par leurs talens. —

Madame Vermoney était généralement estimée, quoique son mari dût sa fortune à la révolution. — On l'aimait, quoiqu'elle fût jolie ; on ne la déchirait point par d'injurieux soupçons, quoiqu'elle fût sage, ou du moins décente. — Elle avait de l'esprit, et on le lui pardonnait en faveur de sa bonté ; elle avait des richesses, et on les lui passait en faveur de l'usage qu'elle savait en faire.

Il s'en fallait de beaucoup que les autres femmes de sa société la valussent. L'homme noir les connaissait toutes, et amusa Emma, pendant quelques instans, par son humeur comiquement misanthropique. Séparée, par la foule, de sa tutrice, elle s'occupait sérieusement à la chercher, quand elle fut apperçue par madame de Lymours. Elles se revirent toutes deux avec ce plaisir, qui n'est fait que pour les ames à l'unisson, et convinrent de ne pas se quitter de la nuit.

On venait de voir un fort beau feu d'artifice, et on se disposait à rentrer, pour danser, lorsqu'une troupe de jeunes gens de l'un et de l'autre sexe, surprit agréablement l'assemblée, en s'emparant d'un théâtre de verdure, élégamment illuminé, pour y exécuter un petit opéra, analogue à la circonstance. Le petit Sellin y jouait un rôle de femme.

Madame Dufeuil fut la première qui le reconnut. — Mais voyez donc, dit-elle à Derville. Je ne me trompe pas : c'est le chevalier.

Oh ! cela est impossible.

Très-possible, je vous jure... C'est lui, j'en suis certaine.

Derville se rappela son dîner de la veille. — Probablement, dit-il, ce n'est pas la première fois que vous le voyez sous ce déguisement ? J'ai entendu dire à lui-même, et je m'en rappelle à l'instant, qu'il lui était assez familier.

Madame Dufeuil rougit jusqu'aux oreilles ; et changeant, sur-le-champ, de conversation : A propos, je ne vois point ici ce jeune homme, qui vous accompagnait au bois de Bou-

—logne avant-hier, ce généreux libérateur de madame de Forban. Je
ne doute pas que la reconnaisance de
cette chère amie, ne s'étende aussi
loin qu'il voudra la pousser.

Il ne le voudra pas, je vous en
réponds.

Il est assez bien, ce monsieur Félix.
— On le dit bon peintre..... Mais
comment êtes-vous si lié avec lui ?

Elevés ensemble, dans le même
collége, notre amitié est d'autant
plus solide, qu'elle est plus ancienne.
La peinture est un de ses moindres
talens. Il a réussi presqu'également
bien dans tous les exercices du corps
et de l'esprit.

Réellement, vous me donneriez
envie de le connaître. Mademoiselle

Emma paraît l'aimer beaucoup ; elle lui trouve certaine ressemblance.... aussi, ne veux-je pas le recevoir chez moi.

Derville ne s'attendait pas à cette chute. Les intérêts de cœur de Valbrun, exigeaient qu'il vît Emma ; ses intérêts d'affaires exigeaient qu'il plût à madame Dufeuil ; et il résolut dès-lors de mettre enfin celle-ci dans le cas de ne pouvoir plus lui rien refuser.

Ah ! la belle femme ! — C'est sans doute une étrangère, je ne me rappelle pas d'avoir vu nulle part.....

Cette exclamation de madame Dufeuil étonna son chevalier. Comment ! s'écria-t-il, vous ne connaissez pas madame de M***, aussi connue pour ses galanteries dans une de nos plus

grandes villes de commerce , que son
mari pour ses complaisances ?

Je crois me rappeler d'en avoir entendu parler......

Le hasard m'a procuré , sur son
compte , des détails assez curieux ,
que je tiens de la bouche même d'un
intéressé.....

Ah ! j'espère que vous ne me les
laisserez pas ignorer.....

Il est affreux d'exiger de moi une
indiscrétion pareille; mais si vous le
voulez absolument.....

Oui , certainement, je le veux....
Et elle ajoutait avec un dépit concen-
tré : *Qu'elle est belle !*

Vous m'y forcez : il faut vous satis-

faire. Mais au moins vous me pardon-
nerez les détails..... Je glisserai sur
les endroits scabreux ; mais....

Mon dieu, que vous êtes cruel avec
vos scrupules. — Monsieur ne se fe-
ra-t-il pas prier pour....

Commettre une indiscrétion ? Je le
vois bien , vous me connaissez.....
Mais venons au fait. Monsieur de
S.-Vey , mon ami , homme extrêmement aimable, mais peut-être encore plus perfide , possédait , depuis
quelque temps le cœur , et, dit-on ,
la personne de la dame que vous
voyez, lorsqu'un artiste dramatique
fort connu, fort aimé, autant recher-
ché pour ses graces que pour son
talent, pour la beauté de ses formes,
que pour la pureté de sa voix , vint à
passer dans la ville dont elle faisait
l'ornement et les délices. Elle le vit ,

l'aima, ou le desira, comme vous
voudrez. — Reçu dans la bonne compagnie, où l'on assure qu'il mérite de
figurer, le gentil troubadour ne tarda
pas à s'appercevoir des progrès d'un
sentiment, qu'on ne prenait pas plus
la peine de lui cacher que de com-
battre. — Exercé dans l'art de la sé-
duction, il eut bientôt mis à profit
des dispositions, que l'absence de
S.-Vey rendait encore plus favo-
rables; et en moins de huit jours,
il n'avait plus rien à desirer. Jusque-
là, tout allait bien, et les choses res-
taient dans l'ordre. Mais l'amour-
propre, ce malin démon, à-la-fois
principe de la jouissance et poison du
sentiment; l'amour-propre vint tout
gâter. — Madame de M*** trouva
piquant de battre S.-Vey avec ses
propres armes; et, peu contente de
sa légéreté, voulut encore tâter de
la perfidie, avec un homme supérieur

en l'une et l'autre matière. —Un jour,
elle le prie de l'accompagner dans
quelques courses du matin. Après
deux ou trois emplettes, elle se fait
conduire à l'hôtel de ***. S.-Vey
veut lui donner la main pour descendre. « Oh ! non, lui dit-elle,
» restez, attendez-moi, de grace,
» dans ma voiture. Je veux dire deux
» mots en courant à madame de Nan-
» tel, arrivée ici d'hier soir. — Vous
» le savez, elle ne peut vous souf-
» frir. Votre présence serait d'un
» mauvais effet. Je vous en conjure,
» attendez-moi ». — S.-Vey, peu
soucieux de voir une femme qui le
déteste, et qu'il n'aime guère, n'insiste pas : la dame monte seule....
— Chez son amie? — Point du tout :
dans l'appartement du chanteur, où
elle remplit ses instans de manière
à ne pas en regretter l'emploi, tandis
que le pauvre S.-Vey, qui cepen-

dant ne se doute guère de toutes les raisons qu'il a de trouver le temps long, s'impatiente dans la voiture, où, après une mortelle demi-heure, on vient enfin le rejoindre, en l'accablant de caresses, dont un sourire malin dément tout bas la sincérité; et d'excuses, qu'en honneur, il avait bien gagnées.

Ah! la méchanceté était bien complète, dit en riant madame Dufeuil. — Mais comment, avec la pénétration que je lui suppose, votre ami n'a-t-il pas.....

Tout ceci n'était pas bien clair à ses yeux. Il soupçonna trop tard une partie du mystère; mais se promit du moins de fixer bientôt ses idées. — Le lendemain, madame du M*** lui donnait à dîner. Au sortir de table, il la persiffle; elle se fâche; il

redouble ; l'humeur s'en mêle , l'a-
mour-propre se pique , et dans un
mouvement de colère , on se vante
presqu'ouvertement du tour qu'on
lui a joué la veille. Saint-Vey , blessé
au vif , la ménage moins dans ses
plaisanteries. Elle veut sortir, il la
retient. Furieuse, hors d'elle-même ,
elle s'oublie jusqu'à outrager son
amant par un geste non équivoque....
Ma foi, celui-ci perd patience , il la
prend dans ses bras. — *Que monsieur ne soit pas surpris ,* dit-il à l'un
de ses prédécesseurs debout contre
la cheminée : *il va se trouver en pays
de connaissances.* Et tout en parlant
ainsi, il accomplissait sur un autel
voisin du temple où ils avaient sacrifié
tous deux , la vengeance la plus no-
toire , la plus frappante , dont jamais
on ait été victime. — Cette insolence, que je ne puis approuver , ne
trouva point de répresseurs. — On

condamna Saint-Vey , mais on plaignit peu sa maîtresse, et je ne sais
ce qui doit étonner davantage , ou de
la hardiesse de l'insulte, ou de son
impunité.

On rentra dans les salons , et on y
attendit; pour commencer à souper ,
que les acteurs et actrices de la pas-
torale se fussent déshabillés. — Ils
parurent enfin. Derville regardait s'il
n'aurait pas apperçu parmi eux le
chevalier, pour le conduire à madame Dufeuil , le plaisanter devant elle
sur son déguisement , et jouir de leur
embarras réciproque ; mais ce fut
en vain. — Plusieurs personnes le
demandèrent, et la maîtresse de la
maison , commençant à s'inquiéter
d'une absence si peu naturelle , le fit
chercher. — L'étonnement général
fut au comble , quand on vint annoncer qu'il ne se trouvait pas. Sellin

avait une charmante figure ; il était à merveille sous des habits de femme; il avait joué son rôle à ravir. On lui connaissait un amour-propre démesuré , et il ne venait pas chercher les complimens flatteurs qui l'attendaient ! Cela était incompréhensible.

Enfin, un des artificiers , interrogé , dit qu'il avait vu sortir une dame par une petite porte du parc que deux hommes tenaient ouverte , et que, de suite après , il avait entendu partir une voiture de poste.

Comme on le pense bien , la publicité de l'*avis* prêta beaucoup à la plaisanterie. On conclut de la disparition de Sellin , qu'il était l'objet d'une méprise. — Les conjectures exercèrent l'esprit des convives. Chacune des dames s'attribua en secret

les honneurs de l'enlèvement; les
hommes rirent beaucoup et long-
temps. Enfin, la nouveauté de cette
aventure égaya singulièrement la
fête , qui se prolongea jusqu'au
matin.

Il s'agit maintenant de savoir si
l'on avait deviné juste.

Sellin passait par un bosquet atte-
nant au théâtre champêtre sur lequel
il venait de figurer, quand une voix
lui dit doucement :

Quoi ! Mademoiselle ! vous êtes
seule ? — Une dame qui est là auprès vous prie de venir lui dire deux
mots.

Où est-elle, cette dame, répond
aussi-tôt Sellin en déguisant son or-
gane ?

Ici, si vous voulez me suivre, re-prend la voix.

Mais son nom ? (Et il suivait.)

Madame Dufeuil......

Ah ! charmant..... Quoi ! là ? — dans cette voiture.

Non pas précisément, mais....

Délicieux !

Et sans laisser le temps d'achever, il s'élance dans la voiture, où il est fort surpris de se trouver seul, et sur-tout d'entendre fermer à clef les portières.

La berline part sur-le-champ au grand galop de six chevaux vigou-reux. Où allait-elle ainsi : c'est ce qu'il ne savait pas, et ce qu'on saura, si l'on veut se donner la peine de continuer cette excellente et utile lecture.

CHAPITRE III.

Une scène de nuit.

SELLIN s'était laissé enlever sans résistance. Il avait pris la chose pour une plaisanterie, et ne commença à s'inquiéter qu'en s'appercevant que depuis deux heures la voiture roulait sur un chemin qui lui était inconnu.

Arrivé à un endroit où les routes se croisaient, on le fit passer de la berline dans un coupé assez élégant. — Il se laissait faire, et se perdait dans ses conjectures.

S'il y avait encore des princesses

ou des reines, disait-il, je pourrais me flatter d'avoir su plaire à quelqu'une d'elles. — Mais aujourd'hui je ne vois rien qui puisse m'éclairer..... Un regard qu'il laissa tomber sur sa robe fut un trait de lumière pour lui, et en lui rappelant son déguisement, lui donna, ou à-peu-près, le mot de cette énigme qui l'embarrassait si fort. — Il n'y avait point de doute qu'il ne fût, par l'effet d'une méprise, engagé dans une intrigue de laquelle il lui serait aisé de sortir en faisant connaître son sexe. Le piquant de l'aventure le fit passer en un instant de la crainte à la joie....

Il se livrait déjà aux plus douces illusions, lorsque tout-à-coup la voiture s'arrêta. — Coquins, criait une voix qui ne lui semblait pas inconnue, ouvrez sur-le-champ la voiture de cette jeune personne, et rendez-

2

la à mes soins. — Les coquins répon-
dirent par des juremens ; des hommes à cheval entourèrent l'équipage,
et des coups de pistolets qui se sui-
vaient d'assez près , sans donner
beaucoup de frayeur à Sellin, lui
causèrent néanmoins une grande surprise. —

Le feu cessa ; on vint ouvrir la portière , un homme assez bien vêtu s'y
présenta.

Les scélérats sont en fuite ; mademoiselle peut être tranquille , et se
fier à nos soins , dit-il très-poliment.
— Puisque les brigands ont laissé
cette voiture , nous nous en servi-
rons pour conduire mademoiselle. —
Mademoiselle a eu peur ; mais le dan-
ger est passé , grace à mon maître.

Et qui est-il donc, ton maître ? allait

demander Sellin, lorsque l'homme
ferma brusquement la portière, et
commanda aux postillons de mar-
cher. — Il cria, mais on fit la sourde
oreille; et il résolut d'attendre en
silence le dénouement de cette histoire.

Enfin, la route eut un terme, et
la voiture entra dans une longue ave-
nue, au bout de laquelle on vint recevoir la prétendue demoiselle, aux
flambeaux..... Il fut introduit dans
un salon peu éclairé, où, contre son
attente, il ne trouva que des femmes.
— En un clin-d'œil, il les eut
toutes passées en revue; mais, ô
contre-temps! ô douleur! — Pas
une n'était jolie.

Celle qui paraissait être la maîtresse
du château, le plaignit beaucoup, et

lui prenant la main, lui témoigna sa satisfaction de le voir en sûreté.

Sellin, qui desirait pousser la chose plus loin, et qui tremblait de dire quelque sottise peu concordante avec l'idée qu'on avait de la personne pour laquelle on le prenait, Sellin, un peu embarrassé, pour la première fois, restait muet.

Vous desirez sans doute connaître votre libérateur ; mais mon mari a reçu si précipitamment l'ordre de se rendre à Paris.....

Comment ! dit Sellin étonné, c'est votre mari, madame.....

Je ne suis pas surprise, continua l'autre en l'interrompant, de ne pas vous voir au fait des événemens de cette nuit. — Vous étiez évanouie

lorsque mon mari vous rencontra. —
Il fit arrêter sa voiture , et ordonna
à votre cocher de l'imiter. Le refus
de celui - ci , l'attitude menaçante
des gens de votre escorte , confir-
mèrent des soupçons qui n'étaient
que trop fondés. — Instruit par la
police des coupables projets de vos
ravisseurs , il n'hésita point à tout
employer pour vous sauver de leurs
mains , et vous fit transporter ici. —
Je vous connaissais de réputation ;
et je suis enchantée d'avoir trouvé
l'occasion d'obliger une charmante
personne , dont on fait tant d'éloges.
Votre disparition inquiétera sans
doute madame Dufeuil ; mais dans
la matinée de demain , nous la fe-
rons prévenir , que vous êtes chez
moi ; et probablement elle consen-
tira à vous y laisser pendant quelque
temps.

4

Ces dernières paroles mirent enfin Sellin au fait, et il en était temps. Car jusqu'alors il n'avait rien compris au discours de la dame. Le nom de madame Dufeuil venait d'expliquer tout. Il était certain qu'on avait pris le chevalier pour Emma ; et son amour-propre n'était pas peu flatté d'une pareille méprise. — Il ne savait cependant pas encore à qui il devait des remercîmens. Il ne doutait pas que le maître de la maison, auteur du rapt, n'eût, pour écarter les soupçons, inventé la fable décousue que venait de lui raconter son épouse.

Il ne savait trop à quoi s'en tenir, et se hasarda à demander chez qui il se trouvait, alléguant pour cause de son ignorance, le long évanouissement dans lequel la frayeur l'avait plongé, lors de sa délivrance.

La dame se nomma, et Sellin put
à peine contenir les élans de sa gaîté,
lorsqu'il se sut chez ce même ministre, avec qui il avait dîné chez
Dufeuil.....

Sellin n'était pas Faublas ; mais la
ressemblance des situations lui sug-
géra la fantaisie de l'imiter. Effectivement, il trouvait piquant que le
Ministre l'eût amené chez lui, pour
servir à ses plaisirs, comme jolie
femme, et de contribuer à ceux de
sa femme, comme beau garçon.

Si elle était belle, au moins, disait-il en lui-même ! — N'importe ;
on n'a pas tous les jours l'occasion
de faire un Ministre.... ce que sont
tant d'autres maris. — Elle est bien
laide ; mais elle a des nièces, à ce
qu'il me semble ; et si elles ne sont
pas charmantes, elles ont assez de

fraîcheur. Allons, chevalier, courage ; il vous faudra déniaiser tout
cela, et façonner un peu ces pesantes
tournures de province.—Latâche est
difficile et rude ; mais si je réussis, le
plaisir de raconter me dédommagera
de la dure nécessité d'entreprendre.
Si j'échoue, la seule gloire d'avoir
osé tenter pareille aventure, me
vaudra les honneurs d'un triomphe
ordinaire.....

Pendant le silence réfléchi, qui
accompagna ce secret monologue,
silence que la femme de l'homme
en place appelait spirituellement
*le modeste embarras d'une pudeur
niaise*, on avait dressé une table
dans la pièce à côté ; et Sellin, qui,
par précaution, voulait réparer ses
forces avant de les avoir perdues,
ne se fit pas dire deux fois de souper. Le repas lui donna une maigre

opinion de la cuisine ministérielle.
A chaque bouchée, il regrettait dans
son cœur, l'excellent ambigu servi
chez madame Vermoney. — Enfin,
après avoir assez copieusement man-
gé, et oublié, en faveur d'un vieux
vin du Rhône, la décente réserve
prescrite au sexe dont il portait les
habits, il demanda son appartement.
La maîtresse de la maison l'y conduisit elle-même, et lui fit remarquer une porte qui ouvrait une com-
munication donnant sur le sien.

Sellin, après avoir congédié l'in-
commode et laide femme-de-chambre,
qui était venue lui offrir ses services,
ne s'endormit pas; et lorsqu'il crut
tout le monde retiré, voulut passer
chez madame..... Mais, comment
faire? — Elle n'a plus de lumière; et
mademoiselle Sellin elle-même vient
mal-adroitement de renverser et d'é-

6

teindre sa veilleuse. Ce contre-temps
ne le décourage point. Il cherche à
tâtons la porte indiquée, en ren-
contre une, l'ouvre, et se hasarde,
au milieu de l'obscurité, dans les
détours d'une maison qu'il ne connaît pas.

Qu'on se figure le jeune Sellin, le
brillant modèle des étourdis à la
mode, presque nu, jouant au colin-
maillard dans une enfilade de cor-
ridors; lui, connu par la conquête
des plus jolies femmes de Paris, ris-
quant à se casser le cou, pour trouver le lit d'une surannée, qui n'a
jamais été belle !

Il tourne en tous sens depuis un
demi-quart-d'heure, et c'est inuti-
lement. Il s'oriente mal, et passe
constamment de sa chambre à son
antichambre, de l'antichambre au

cabinet de toilette, du cabinet de toilette au boudoir, du boudoir à sa chambre. Enfin, il est dans une galerie..... son embarras augmente. Retournera-t-il sur ses pas, se hasardera-t-il à entrer à la première découverte?... — Il flottait dans cette incertitude, lorsqu'il sentit céder sous sa main une porte qu'il n'avait fait que pousser. Il entra doucement et sur la pointe du pied. Il atteignit bientôt un lit, dans lequel il se glissa légèrement sans éveiller la dormeuse. Mais ayant cru entendre parler, il resta un instant immobile. *Ma sœur, c'est le revenant*, dit tout bas une voix flûtée qui venait de l'autre extrémité de l'alcove. — Cet avertissement le rassura sur la frayeur qu'il craignait de causer. Il palpa, sentit une peau douce et fraîche; et, encouragé par ce premier succès, s'embarrassant peu si c'était la tante ou

la nièce, piqué d'être pris pour un esprit, se disposa à prouver qu'il était
un corps, sans s'inquiéter beaucoup
de l'arrivée probable du fantôme an-
noncé. — Il ne trouva point de résistance; et usant à la muette des droits
de la conjoncture, ne tarda pas à
s'endormir sur les myrtes qu'il avait
cueillis.

Il n'y avait pas long-temps qu'il se livrait aux douceurs d'un sommeil bien
acheté, lorsqu'il fut réveillé par certains craquemens du parquet. Il prêta
une oreille attentive ; les pas se diri-
gent vers l'alcove, et il se croit un instant découvert. — Mais il se rappelle
le revenant, et ne doute plus que ce
ne soit lui. Sa situation devenait em-
barrassante.... Quelle réception fera-
t-il à l'esprit, s'il vient de son côté?
— Résister n'est pas trop sage ; chercher à s'évader n'est pas trop sûr. —

D'ailleurs, retrouvera-t-il le chemin de sa chambre? Cette dernière réflexion le détermine. D'une main il saisit le flambeau éteint qui repose près du lit ; de l'autre, il ramasse une partie de la couverture, disposé à en envelopper la tête de l'esprit, de manière à l'empêcher de se mouvoir jusqu'au moment où il aura regagné son appartement.....

Mais ces préparatifs de défense deviennent inutiles. L'esprit glisse légèrement de l'autre côté de l'alcove, et bientôt le dialogue suivant calme les inquiétudes du chevalier.

Eh bien, vous me boudez ?

Retournez près de ma sœur, Monsieur.

Parlez plus bas ; elle va se réveiller.

Oh ! vous l'avez trop bien en-
dormie.

Mais je ne conçois rien..... J'arrive tout à l'heure de Paris.....
Votre oncle m'a renvoyé ici pour une
affaire particulière.... Encore une
fois, j'arrive à présent.

Et vous me croyez bien sotte ! —
Il y a une heure que vous êtes là....
Cela est bien affreux.....

Ma chère amie, vous l'aurez sans
doute rêvé.....

Rêvé ! rêvé ! depuis ce moment,
je n'ai pas fermé l'œil..... Et quand
je l'aurais rêvé, monsieur, ce serait
une preuve que je pense à vous,
beaucoup plus..... beaucoup plus
que vous ne le méritez....

La voix de la parleuse s'attendris-
sait par degrés. .... Un baiser l'af-
faiblit , un second l'éteignit tout-
à-fait ; et bientôt certains mouvemens imprimés à la couchette , ne
laissèrent plus de doutes au chevalier
sur la nature des relations de ces deux
dames, avec les esprits.

Son rôle venait de changer , et
n'était plus fort agréable. — Il n'osait
faire *chorus* , de crainte d'être entendu et découvert..... Il fallut se
boucher les oreilles , et essayer de se
rendormir , au milieu d'un concert
peu fait pour les flatter. — Enfin ,
le bruit cessa , et le sommeil revint
caresser sa paupière.

Il était presque jour quand il se
réveilla , au doux gazouillement des
oiseaux. Impatient d'éclaircir le mystère qui l'avait intrigué pendant toute

la nuit , son premier soin fut de reconnaître le lieu de la scène et la
position des acteurs. — L'alcove était
spacieuse , et contenait deux lits ju-
meaux, séparés et assez grands. Dans
l'un, le chevalier, auprès d'une jeune
femme , laide , mais faite à peindre :
Dans l'autre , un homme de trente
ans , d'une assez belle figure , mais
dont la physionomie porte je ne sais
quelle empreinte de fausseté , pro-
fondément endormi dans les bras
d'une Agnès de quinze ans. — Une
redingotte , une cravatte , des bas de
soie blancs , et une culotte de soie
noire , sur une chaise à l'entrée de
l'alcove.

L'espiègle Sellin a vu tout cela
d'un coup-d'œil. — Il s'empare pro-
visoirement de la culotte de soie
noire , et sort à petit bruit.

Mais, ô nouveau contre - temps ! la porte est fermée ! ... Il se décide à l'ouvrir, et s'apperçoit, avec autant de surprise que de plaisir, que la serrure et les gonds sont absolument muets. Il profite de cette circonstance : le voilà dans le corridor, fermant avec précaution, et à double tour, ce même appartement, qui vient d'être témoin de ses plaisirs. — Une fenêtre est ouverte : elle donne sur le jardin. — Il fait un tampon de la culotte, et la lance, à tour de bras, dans une charmille. —Enfin, il retourne chez lui, la tête pleine de gaîté, et riant d'avance de tout le désordre qu'il va occasionner.

Joie trompeuse ! malheureux jeune homme ! où vas - tu ? — Quelle est cette petite porte dérobée que tu ouvres ? — Ah ! tes travaux ne sont point à leur fin.

L'étourdi s'était trompé ; et il entra, cette fois. . . . où il avait tout-à-fait perdu l'envie d'aller. . . .

CHAPITRE IV.

Un avantage de la sténographie.
Les auteurs ont la parole.

LUI.

Non, mon ami, nous ne pouvons laisser subsister ainsi ce troisième chapitre.

MOI.

Allons, appaise ta colère.

LUI.

Non, je ne puis passer sous silence.....

M O I.

Quelque chose t'effarouche en=
core ?

L U I.

Ces indécens détails ne seront point
imprimés.

M O I.

Mais enfin, pourquoi.....

L U I.

Une immoralité aussi ouvertement
professée.....

M O I.

Professée n'est pas le mot.

L U I.

Mise en action est plus exact, et

beaucoup plus louable , n'est-il pas vrai?

MOI.

Hé bien ! cette immoralité pré-tendue ?

LUI.

Est réellement intolérable.

MOI.

Bah ! ne crois-tu pas que ce soit bien de cela dont on s'inquiète ? — Notre livre ne contient rien de contraire aux maximes fondamentales de l'Etat. — On ne l'empêchera point de voir le jour.

LUI.

Encore une fois, je ne veux pas

même que nous nous exposions à une
censure toujours désagréable.....

M O I.

Hé bien ! alors, nous n'aurons qu'à
le faire paraître sous le manteau.
L'ouvrage en serait plus piquant, et
le débit plus considérable. — Notre
amour-propre et notre bourse s'en
ressentiraient presqu'également.

L U I.

Toujours de mauvaises plaisanteries ! Tu m'impatientes avec ton air
froidement railleur. Tiens , cela est
décidé..... — Jamais, de mon con-
sentement.

M O I.

Ecoute : tu dictes, et je tiens la

plume. Mais mon rôle n'est pas tellement passif, que je n'aie voix déli-
bérante. Prouve-moi la validité de
tes motifs, et j'y accède.

LUI.

D'abord, l'immoralité des épisodes.....

MOI.

Et la moralité du récit principal,
tu la comptes pour rien? — L'une
fait valoir l'autre.

LUI, *presqu'en colère.*

Oh! certes, c'est un petit ouvrage
bien moral, qu'une histoire où une
jeune orpheline, d'une haute nais-
sance, douée par la nature de
toutes les vertus; par l'éducation,
de tous les talens, est entourée
d'êtres sans principes et sans mœurs.

II.   D

— D'un tuteur, qui transige, sans
rougir, de l'honneur de sa pupille,
et la rend le gage infortuné d'un in-
fâme contrat. — D'une madame Dufeuil, passant d'une classe obscure
au faîte de l'opulence ; déjà galante
dans le premier état, et bien pis encore dans le second. — De son digne
amant, jeune étourdi perdu de dettes,
possédant, pour tout patrimoine, la
grossière effronterie de nos jeunes
fats à la mode ; pour toute qualité,
un vernis de gentillesse, dont il sait
parer ses défauts, sans les cacher. —
D'un homme à bonnes fortunes qui
le supplante ; exemple parfait de bon
ton et de perfidie, d'esprit naturel et
de légéreté acquise, également ex-
pert en matière de raisonnement et
de sophismes ; assemblage bizarre de
bravoure et de sang-froid, de défauts
et de qualités, à-la-fois sage et libertin, éloquent et frivole, excellent

ami et volage amant; en un mot,
l'être idéal le plus séduisant comme
homme aimable, et le plus dangereux comme modèle. — Me cite-
ras-tu, pour diminuer l'énergie de
cette peinture, les autres personnages, peut-être encore plus odieux?
— Une femme de qualité, qui, à tous
les penchans déréglés de l'ancienne
cour, ajoute le repoussant abandon
en honneur dans les nouvelles cotte-
ries; et déjà méprisée par ses égaux,
s'avilit aux yeux même de ses infé-
rieurs? — Un homme *à basse enco-
lure*, dont elle achète la lâche com-
plaisance, et qui, du prix de son infa-
mie, entretient des filles et joue dans
les tripots? Un Ministre prévarica-
teur, dont les moindres ridicules sont
des défauts; dont les moindres défauts
sont des vices? Sa femme, acariâtre,
laide, avare et facile? Ses niéces,
se disputant avec scandale la posses-

sion d'un vil suborneur, secrétaire de
leur oncle, qui les trompe également
toutes les deux ? Opposeras-tu à ces
caractères, celui d'une veuve incon-
séquente, qu'on dit vertueuse, et
qui se laisse séduire par un freluquet;
qui aime son père, et lui fait exposer
ses jours ? D'un misanthrope d'habitude, qui, par goût, doit haïr les vi-
cieux, et recherche sans cesse leur
société ? Enfin, un amant qui adore
sa maîtresse, et lui fait des infidélités
sans nombre ; qui n'a d'autre caractère que de la faiblesse, d'autre
vertu qu'une grande facilité à suivre
l'impulsion présente, d'autre mérite que quelques talens, d'autre
relief qu'un grand nom ? D'une
jeune....

M O I.

Eh ! ta ta ta ta, ta ta ta. ... Quelle
véhémence ! quelle volubilité ! Je

conviens, en partie, de la vérité de
tes portraits : ils sont assez ressem-
blans ; mais tu n'as vu ou voulu voir
ton monde que de profil. N'espère
pas me convaincre ainsi. — Si nous
faisions un roman , il n'y aurait que
plus de mérite à faire ressortir, d'un
fonds semblable , des leçons utiles et
grandes.

L U I.

Cela est possible.

M O I.

Mais, tu le sais , nous ne sommes
qu'historiens ; et le seul reproche
qu'en cette qualité nous puissions
encourir, c'est peut-être notre scru-
puleuse exactitude, reproche rarement mérité par nos confrères , pas-
sés , présens et à venir.

L U I.

Soit ; j'en conviens. Où tout cela
mène-t-il ?

M O I.

Un moment : d'après ce que tu
viens de m'accorder, si les personnages sont immoraux, à qui la faute
en sera-t-elle ?

L U I.

Quelle pitoyable conclusion! pourquoi se mêler de faire leur histoire ?

M O I.

Un moment encore : notre devoir,
à nous, est de tirer du sein même
des désordres et des travers que nous
nous sommes imposé la tâche de décrire, une morale pure, dont le contraste fasse cependant harmonie avec
l'action. Or, plus celle-ci sera libre,
plus celle-là devra être sévère, parce
que le contraste sera plus frappant :
Donc.....

L U I.

Que de sophismes entassés ! ils seraient dignes d'un faiseur de mauvais
livres.

M O I.

Et d'ailleurs, pourquoi avoir écrit
ces épisodes , dont tu te plains, si
nous ne devions pas leur faire voir le
jour ?

L U I.

Pourquoi ?..... pourquoi ?.....
Parce que ce sont les boutades d'une
imagination en délire , dont les écarts
ont un instant leurs charmes ; mais
ne doivent point être publiés.

M O I.

Mauvais subterfuge ! Au reste ,
puisque tu n'aimes point les syllo-

gismes, je vais te faire un raisonnement bien simple. Le voici : Ce livre, par son titre, doit présenter l'image fidelle des mœurs, faits et gestes de la cotterie de madame Dufeuil, que nous voulons transmettre à la postérité. — Nous ne serons pas plus coupables en les publiant, que la glace impassible et sévère, qui montre à une surannée toute sa laideur; et si la malignité du public, à laquelle il faut toujours un aliment, se plaisait à faire des applications, que nous ne pourrions pas plus empêcher que prévenir, nous nous laverions les mains par un silence absolu, valant une dénégation formelle, des interprétations insidieuses, qu'on aurait données d'un récit tout simple, entrepris et publié avec les intentions les plus pures, comme les plus philanthropiques. Cela n'est-il pas excellent ?

L U I.

Que ne me parlais-tu ainsi tout-à-l'heure, au lieu de monter ridiculement sur les bancs de l'école ?

M O I.

Je m'en doutais, que tu aurais trouvé cela beau. Que c'est loin pourtant de valoir mon argument ! Vive les grands mots, pour faire valoir les petites choses ! — Mon argument avait cet avantage.

L U I.

Tes derniers développemens m'ont persuadé. Laisse-là ta logique.

M O I.

Tu ne sais pas en apprécier le mérite. Tiens, par exemple, tes idées

5

sont claires, tu les exprimes assez
nettement, mais.....

LUI.

Eh bien? mais?....

MOI.

Mais de ta vie tu ne sauras
faire.... une préface.

LUI.

A propos de préface, en mettrons-
nous une ?

MOI.

Je n'en vois pas la nécessité. D'ailleurs, c'est si commun. ...

LUI.

Oh ! quoique tu me refuses le talent nécessaire, j'insiste pour que
notre Histoire ait une préface.

MOI.

Une préface ! pas même un avant-propos.

LUI.

Une préface est indispensable , pour nous défendre des reproches qu'on pourrait adresser à cet Ouvrage.

MOI.

Il sera trop parfait pour ne pas être dénigré.

LUI.

J'admire cette humble modestie d'auteur.

MOI.

Mais je trouverais bien plus grand , bien plus sublime, de l'exposer, muni seulement de la force de résistance ,

6

que donne le sentiment intérieur du mérite, à la censure générale et particulière.

L U I.

Je ne me rends pas à ces mauvaises plaisanteries : ou nos *Semaines* auront une préface, ou nos *Semaines* ne seront point imprimées.

M O I.

Encore un différend ! En vérité, pour deux historiographes, chargés des mêmes fonctions, et dont les productions doivent former un tout harmonique, nous ne sommes pas souvent d'accord.

L U I.

La pauvre pointe ! je veux une préface.

M O I.

Point de préface.

L U I.

Une préface.

Eh ! mon dieu, mon dieu, atten-
dez donc, messieurs, nous dit alors
notre ami N. , qui, depuis deux
heures, barbouillait fort attentivement sur du papier des caractères
indéchiffrables. — L'un veut une
préface, et l'autre n'en veut point !.
(*A lui*) Tu en auras une. (*A moi*)
Tu n'en auras pas.

L U I *et* M O I.

Que vient-il nous dire ?...

N O T R E A M I.

Rien que de fort raisonnable. (*A*
lui.) Tu la mettras dans le corps

de l'Ouvrage : au milieu , par exemple.

L U I.

Cela m'est égal, pourvu qu'il y en ait une.

NOTRE AMI, *continuant, et s'adressant à moi :*

Sous la forme d'un chapitre.

M O I.

S'il est ainsi, je ne me refuse plus... Mais que dire ?

N O T R E   A M I.

Hé parbleu ! votre conversation.

M O I.

L'idée est, ma foi, plaisante.

LUI.

Oui, mais le moyen de nous rappeler.....

NOTRE AMI.

J'ai prévu cette objection. — Vous disputiez d'une manière si comiquement animée, que l'idée m'est venue de sténographier votre dialogue. — Le voilà, mot pour mot, sur cette feuille. — Qu'un de vous se mette là : je vais la dicter.

LUI *et* MOI.

Délicieux !

Et voilà notre quatrième chapitre fait !

CHAPITRE V.

Suite de la scène de nuit.

MAIS je me rappelle que ce pauvre chevalier est toujours là-bas, en chemise. — Il fait trop froid pour l'y laisser long-temps. — Il ne faut pas que les disputes des auteurs influent sur la santé de leurs héros.

Qui est-là ! s'écria une voix un peu aigre, dont Sellin reconnut sur-le-champ l'accent dédaigneux. — Puis, ouvrant les rideaux : Ah ! c'est vous, je crois, Mademoiselle. Quoi, si matin !

Il fallait trouver une excuse : on balbutia quelques mots : Ah ! Madame !... pardonnez.... — Une sotte frayeur.... Je me retire au plus vîte.

Et il le faisait comme il le disait.

Où courez-vous donc ainsi. Ne dirait-on pas que je lui fais peur ?.... Revenez, revenez, je le veux.

Le moyen de désobéir ! — Le jour cependant commençait à percer au travers des jalousies et des doubles rideaux. La posture de Sellin, qui n'avait rien à cacher, mais beaucoup à faire soupçonner, devenait des plus embarrassantes. Il maudissait tout bas son étoile....

Décroisez donc vos mains, enfant, dit la femme de l'Excellence, en radoucissant un peu son ton toujours rude.

Madame......

Approchez, vous dis-je. — Mon dieu, que de pudeur! — Eh bien! d'où provenait cette *sotte frayeur*?

Ah! je ne sais, mais j'en tremble encore..... (Et en effet, l'étourdi, gelé, grelotait.) Il m'a semblé entendre rôder autour de ma chambre: la crainte m'a saisie......

La crainte l'a saisie!.. Allons, rassurez-vous. — Comme elle a froid! — Venez, nous causerons ici plus à notre aise.

Après une autre nuit que celle qu'il venait de passer, le jeune homme eût probablement pris moins de précautions. Persuadé que le meilleur moyen de faire oublier des torts d'une certaine espèce, est de se trouver tou-

jours en état de les aggraver, il se serait peut-être découvert dès ce moment. Mais s'exposer au mal sans
avoir à sa disposition le remède sou-
verain, c'était s'embarquer sans bis-
cuit, c'était tenter l'assaut sans armes. — Il préféra donc attendre ; et
comptant sur les ressources de la nature, beaucoup plus que sur les charmes de la grande dame, il s'avance
timidement, pose un genou sur les
coussins, puis l'autre, ayant bien
soin de ne pas tourner le dos aux fenêtres, de peur que la transparence
délatrice du fin tissu de Hollande qui
le couvre uniquement, ne trahisse un
secret qu'il ne se sent pas encore la
force de dévoiler.

L'Excellence féminine eut la bonté
de s'abaisser jusqu'à sourire de ce
qu'elle appelait une *innocente gau-
cherie.* Enfin, Sellin est à côté d'elle,

et un léger frémissement qui la parcourt quand il la touche , le prévient assez que cette froideur glaciale au moral , ne s'étend pas jusqu'au physique de la dame.

Plus elle s'échauffait , moins il s'animait : sa perplexité devenait cruelle , lorsqu'ayant entendu la porte s'ouvrir , il se fourra vivement, par l'effet d'un mouvement machinal , sous la couverture.

Ah ! mon dieu , que vous êtes peureuse ! C'est mademoiselle Hugot , c'est ma femme – de - chambre , qui vient d'entrer. Et vous, Mademoiselle , que voulez-vous ?

C'est le *chef* qui revient de la provision rendre compte à Madame.

Le *chef!* Admis pour rendre compte

de ses emplettes! à sept heures du matin! Sellin passait de surprise en surprise, et l'étonnement absorbait plus que jamais en lui toutes les autres facultés.

Ce fut bien pis, quand le chef, tirant la jambe gauche, tournant dans la main droite son bonnet de coton, remit à sa maîtresse une petite liste!

Comment! citoyen! Un dindonneau douze francs! une carpe dorée dix écus! Y pensez-vous?

Madame me permettra de lui observer que ces deux pièces sont réellement rares par leur beauté.

Je vous permettrai tout, hormis de semblables folies. — Dix écus une carpe! Cela est bon pour les gens qui ont de l'argent à jeter par les fe-

nêtres; mais nous....! Une autre
fois, souvenez-vous, citoyen, que je
vous défends d'acheter ce que vous
appelez des pièces rares, sans ma
permission expresse.

Le *citoyen chef* se retira ainsi apos-
trophé, et mademoiselle Hugot eut
ordre de laisser reposer Madame.

Sellin se rappelait la lessive de
mille louis, chez Dufeuil, et, en rap-
prochant les objets, demeurait pé-
trifié.

Vous le voyez, ma chère. Si on
n'avait une économie sévère, tous
ces gens-là vous feraient manger votre revenu dans les frais d'une vaine
représentation. — Mais revenons à
ce qui vous regarde. Mon mari m'a
déjà parlé souvent de vous depuis
quelques jours. Savez-vous qu'il est

fort heureux qu'il vous ait tirée des mains de ces ravisseurs. Ce que c'est aussi que d'être si jolie ! — Cela a réellement l'air d'une aventure.

Ah ! Madame , je ne suis pas sortie du plus difficile. . . . .

Que voulez-vous dire ? — (*silence.*) Il me semble cependant qu'il m'avait dit que vos yeux étaient noirs , tandis qu'ils sont du plus beau bleu. ! . . .

Vous êtes trop bonne. . . . —

Pourquoi vous éloigner ainsi de moi ? — Je vous aurais cru plus d'embonpoint. — Laissez donc faire. . . . quel enfantillage. . . . — Ah !

Ce cri perçant tenait à la fois de la surprise, de l'indignation. — Je dirais qu'on eût pu y reconnaître aussi l'accent d'une joie déguisée, si les circonstances dans lesquelles se trouvait l'objet qui pouvait la causer, n'y avaient pas mêlé une nuance de regret.

Quoi, monsieur. . . . . . .

Pardonnez, Madame, à des événemens dont le concours singulier.....

Il s'agit bien ici d'événemens, de concours...... Je vous trouve bien impertinent. ... bien osé, bien malhonnête.....

Le jeune homme tâchait de faire agréer des excuses; mais, en honneur, elles n'étaient pas valables.

On les refusait, et ce n'était peut-être pas faute de les admettre.... — Mais laissez-moi donc, je vous prie....,

Madame, veuillez vous rappeler qu'après l'étrange méprise dont j'ai été l'objet, il ne m'était guère possible, à moins de....

Ah! monsieur, je n'aime pas les phrases....

Le chevalier s'en était déjà apperçu, et c'était bien là ce qui le désolait le plus.

Sortez, monsieur, ou j'appelle.....

Ce n'est pas-là ce que je dois craindre le plus, dit malignement Sellin.

O ciel! joindre une amère ironie au plus sanglant affront!

Puisque vous l'exigez, madame, je m'en vais.

Et où? — Dans votre chambre! Et

II.   E

comment vous y rendre sans être apperçu ? — Et mes gens qui vous ont
vu dans.... qui vous ont vu là ; et
mon mari qui va savoir.... — Que
je suis malheureuse !

Le croirait-on ! — Cette femme si
insensible, si hautaine, se mit à pleurer. Etait-ce de douleur ou de dépit?
— Mais, malheureusement pour elle,
les larmes ne l'embellissaient pas.

Un miracle pouvait seul sauver le
chevalier de ce pas difficile, et ce
miracle, son bonheur l'exécuta. —
Il descendait à tout hasard du lit ;
mais, ô prodige ! à peine ses pieds
ont touché la terre, que, nouvel An-
tée, il sent une force inconnue cir-
culer dans ses veines. — Il veut profiter du moment. — Il connaît l'aver-
sion qu'on a pour les *phrases,* et ne
perd point en inutiles circonlocutions

un temps que le peu de certitude qu'il a de lui-même lui rend précieux. On essaye de se défendre ; il oppose l'avantage d'une position supérieure ; on veut crier, et sa bouche ferme à moitié l'énorme bouche qui n'a plus la force d'articuler que des soupirs. — Il est enfin vainqueur ; mais hélas! sa gloire n'est pas de longue durée. — Un de ces accidens desquels la maligne fortune se plaît à nous rendre le jouet..... Le dirons-nous enfin ? A peine l'assiégé a-t-il battu la chamade, que l'assaillant se voit obligé de battre la retraite.

La dame soupira, cette fois, et ne gronda plus.

Peut-être ce soir.... —

Ce soir ! et votre mari ?

Ne reviendra que demain de Paris.

2

Ce projet prémédité de le garder l'alarma singulièrement. — Il devait déjeûner ce jour-là avec madame de Lymours chez une de ses amies, et ne se sentait nullement d'humeur à la sacrifier à une puissance de quarante ans.

Il dissimula cependant, et causa pendant quelques instans avec sa nouvelle conquête, qui paraissait l'honorer d'une bienveillance particulière.

Enfin, elle se leva; et tandis qu'elle se chaussait, arrive mademoiselle Hugot, tout effarée, qui vient lui dire quelques mots à l'oreille.

Ah! ciel! l'insolent! s'écria-t-elle.

Elle se hâta de sortir; mais auparavant, et pour retenir plus sûrement la fausse Emma, elle crut très-adroit de mettre dans sa poche la clef de l'appartement où elle supposait que le chevalier avait passé toute la nuit, et dans lequel étaient enfermés sa robe et tous ses colifichets de femme , sans oublier une pièce fort essentielle de l'habillement masculin.

Sellin restait seul, délibérait sur les moyens de s'évader, quand le tapage qu'il entendit dans les appartemens voisins, vint lui en confirmer la nécessité. — Il ne douta point que le double tour de la chambre des deux nièces ne produisît son effet , et, qu'au grand scandale de toute la maison , le fantôme de la nuit ne fût obligé de sortir privé du vêtement qu'un aimable auteur de nos jours a si plaisamment nommé le *vêtement nécessaire*.

5

Il tremblait à la seule idée d'un éclaircissement. — On pouvait l'obliger à épouser, et son courage l'abandonnait à cette fatale pensée. — Il commençait à désespérer de sa fuite, lorsque le bruit d'une voiture, qui vint s'arrêter vis-à-vis le perron, attira son attention. Elle était vide, et destinée au service journalier des habitans du château. — Il prend son parti, revêt une robe qu'il trouve sous sa main, un voile noir qui appartenait à l'Excellence, singe adroitement sa tournure gravement empesée, descend effrontément par le grand escalier, monte en voiture, et ordonne au cocher de se rendre à toute bride à Paris.

Arrivé *rue basse du Rempart*, il fait arrêter, feint d'entrer dans un hôtel, enfile le passage qui donne sur la rue neuve des Mathurins, et de-là

gagne promptement son logement,
Chaussée-d'Antin, où il va changer
de costume, laissant le cocher se
morfondre en l'attendant, et tout le
château de l'Excellence bouleversé
par sa disparition.

CHAPITRE VI.

Encore une soirée.

MADAME Dufeuil avait juré de ne pas recevoir chez elle monsieur Félix, et Derville cependant l'y conduisit deux jours après l'enlèvement de Sellin. — S'il était permis à des historiens véridiques, tels que nous, de se lancer dans le vague des conjectures, nous nous hasarderions à penser, que, par suite de l'intérêt que Derville prenait à son ami, il avait avancé de beaucoup le moment où l'on n'a plus rien à refuser, parce qu'on a tout accordé. — Mais il nous en coûterait trop de flétrir d'un soup-

çon la sagesse de madame Dufeuil;
et nous nous en rapportons à la saga-
cité du lecteur.

Il était important que Valbrun mît
madame Dufeuil dans ses intérêts.
Elle était bien avec B*****, et pouvait lui être fort utile. — Il ne lui
importait pas moins de trouver les
moyens d'avoir avec Emma une ex-
plication, que leur position réciproque rendait indispensable. Emma,
dont il s'était plu, loin de sa patrie, à
former le cœur et la raison; Emma,
qu'il adorait, et à laquelle une con-
trainte fâcheuse, mais causée par
une sage prudence, l'avait empêché
de dévoiler jusqu'alors le mystère de
son existence actuelle, et de ses projets futurs.

Madame Dufeuil veut-elle me per-
mettre de lui présenter monsieur

5

Félix, mon ami, qu'elle a paru desirer connaître.

Ainsi s'exprimait Derville, en parlant à la tutrice d'Emma, qui, d'abord un peu étonnée d'une présentation aussi imprévue, ne laissa pourtant pas de répondre fort honnêtement.

Monsieur ne serait pas par lui-même aussi recommandable, que la seule qualité de votre ami....

Je sens doublement, répondit aussi-tôt le prétendu peintre, tout le prix d'un pareil titre, depuis que je lui dois, madame, le bonheur de vous approcher.

Valbrun, en prononçant ces mots, attachait avec grace, sur madame Dufeuil, un grand œil noir, dont elle eut bientôt apprécié le mérite.

Ah ! disait-elle en elle-même, si le chevalier était ici, comme il serait écrasé par ce qu'il appelait une tournnre à épigrammes !

La conversation se généralisa. — Valbrun cherchait à s'approcher d'Emma, dont le trouble avait été à son comble, en le voyant paraître au moment où elle s'y attendait le moins.

Elle aimait assez Valbrun pour l'estimer ; mais sa conduite cependant, depuis qu'elle l'avait rencontré au pavillon d'Hanovre, cette froideur extérieure qu'il avait montrée, les indices perfides qui avaient, en apparence, décélé sa légéreté, tant de motifs réunis l'empêchaient de se livrer à la douce impulsion de son cœur. Emma, d'ailleurs, était femme, elle était piquée, et, quoiqu'excessivement douce , pouvait avoir un moment d'humeur. — Elle s'apperçut des tentatives de Valbrun pour lui parler , et eut assez de force pour se donner le malin plaisir de lui laisser prendre une peine inutile.

Il devenait pourtant très-essentiel que , de manière ou d'autre , il s'entendît avec elle sur le plan de conduite que son bien-être et sa sûreté lui avaient fait adopter. Mais ce fut en vain.

Il arriva plusieurs visites , entre autres madame de Forban , toujours conduite par Durfort , qui, pour cause , n'adressa point la parole à monsieur Félix.

Derville , penché à l'oreille de madame Dufeuil, lui racontait quelque chose. Son récit était extrêmement

animé ; le nom du chevalier lui était
échappé deux ou trois fois, et chacun
le tourmentait pour participer à cette
confidence, quand, au milieu d'un
éclat de rire étouffé de la maîtresse
de la maison, on annonça :

Le citoyen Ministre.

Oh ! pour le coup, il faut qu'il soit
bien osé ! Après le tour qu'il a voulu
jouer à Emma, se présenter chez son
tuteur ! — Mais la considération politique, cette considération que donne
un emploi supérieur, et que fortifie
la crainte ; cette considération, dis-je,
est une cuirasse imperméable, qui
fait braver avec audace, par les
hommes qui en sont revêtus, et les
arrêts de l'opinion publique, et jusqu'au cri de leur propre conscience ;
qui, enfin, en vieillissant dans l'intrigue, et souvent pis,

A su leur faire un front qui ne rougit jamais.

La contenance du Ministre était un peu embarrassée, en entrant. Mais n'appercevant sur les visages aucune nuance d'étonnement ni de gêne, il en conclut qu'Emma avait, ainsi que madame Dufeuil, gardé le secret sur son enlèvement.

Après les complimens d'usage, il se plaça près de l'orpheline, et assez incertain sur la manière dont il allait tourner sa phrase :

Vous avez dû, mademoiselle, avoir bien peur l'autre jour....

Quoi ! interrompit madame Dufeuil, du feu d'artifice d'avant-hier ? Ah! mademoiselle est très-courageuse.

L'Excellence crut faire un miracle de finesse, en trouvant dans cette exclamation vague et sans intention, un avertissement tacite, un détour adroit, pour lui annoncer que personne ne savait rien.

Il se rapprocha encore plus d'Emma.

Pourquoi donc vous être ainsi enfuie hier ?

Moi ! monsieur ?

Eh ! oui ; après l'accueil que ma femme vous avait fait !

Emma ne pouvait revenir de sa surprise, et craignit un moment que les vastes contemplations de la politique n'eussent dérangé le cerveau de l'Excellence ; mais celui – ci, croyant son étonnement factice, trouva très - piquant de rendre publique sa conversation avec elle.

Après deux ou trois interlocutions,

aussi obscures que les précédentes ,
il adressa enfin la parole à madame
Dufeuil.

Qu'il me soit permis de me plaindre
à vous , madame , de la manière dont
mademoiselle a quitté ma maison de
campagne.

Votre maison de campagne! répéta
madame Dufeuil , qui croyait n'avoir
pas bien entendu.

Ah ! c'en est trop, dit l'homme en
place plus impatienté. — Vous avez
beau faire l'ignorante , mais il est impossible que vous ne sachiez pas que
votre aimable pupille a été tirée par
mes gens des mains de deux scélérats
qui l'enlevaient du château de madame Vermoney ; que c'est à ma
maison de campagne qu'elle s'est re-
tirée ; à ma maison de campagne, où

je ne pus la suivre, ayant été appelé au Directoire pour une affaire pressée, qui m'y a retenu plus de vingt-quatre heures ; que mon épouse a comblé mademoiselle des amitiés, que sans doute elle mérite ; que ces deux dames même, pour mieux en serrer les nœuds, ont passé ensemble une partie de la nuit ; et que mademoiselle, saisissant ensuite un moment de solitude, et profitant de la ressemblance de sa taille, se déguisa sous les habits de ma femme, et, trompant un de mes cochers, se fit conduire et descendre à votre porte, où ma voiture attendit vainement son retour pendant la journée entière, tandis que tout, chez moi, était dans le trouble, l'inquiétude et la confusion.

L'étonnement général avait augmenté progressivement, pendant cette tirade, débitée avec une véhémence digne de la tribune, au point que chacun, excepté Derville, et peut-être madame Dufeuil, crut que l'Excellence avait perdu l'esprit. — Dufeuil lui-même en fut persuadé; et cette idée gênait cruellement sa contenance; car on ne peut pas dire à un Ministre qu'il radote.

Le sourire malin de Derville annonçait assez qu'il n'était pas étranger à l'aventure. Emma ne savait que penser, et Valbrun était au supplice.

Ce fut sur-tout lui que le Ministre rendit l'objet de son attention. — Il intercepta quelques-uns des regards inquiets qu'il jetait sur la jeune personne, l'examina, et vit en lui un rival redoutable.

Chacun se regardait en silence,

quand le petit Sellin arriva à propos, ou très-mal à propos, non pour faire diversion, mais pour augmenter encore le trouble général.

Je suis enchanté de vous voir, mon cher Sellin, s'écria Derville, en allant à lui ; vous êtes introuvable. — On vous cherche vainement depuis trois jours, pour vous exprimer tout le plaisir que vous avez fait chez madame Vermoney, dans votre rôle de bergère.

Oh ! repartit étourdîment le chevalier, j'en ai joué bien d'autres depuis....

Mais pourquoi vous être ainsi dérobé aux félicitations qui vous attendaient ?

Je ne puis dire.... Ah ! c'est bien la chose la plus plaisante.....

Derville, qui, jusqu'alors, l'avait malignement poussé de questions, lui marcha sur le pied, en lui montrant, d'un coup-d'œil, l'Excellence, que la surprise, suite de certains rapprochemens involontaires, avait rendue immobile.

Qu'on se figure l'embarras du chevalier. Son esprit d'invention l'abandonna; la physionomie de l'homme en place ne lui inspira que de la peur; et au lieu d'adapter à son préambule une petite histoire adroitement controuvée, il confirma, par son silence coupé, et ses phrases entortillées, les soupçons qui commençaient à gagner de proche en proche.

Le Ministre n'y tint pas. Il sortit, l'œil enflammé de colère, et alla faire une scène à sa chaste épouse, et méditer ses projets de vengeance

contre Dufeuil, dont la faiblesse s'é-
tait refusée à le servir; contre Derville, qui, non content de lui gagner
son argent au jeu, voulait encore lui
faire souffler ses autres plaisirs; et
contre Valbrun, de qui les regards
si fréquens lui troublaient la cer-
velle.

Il sortit enfin; Emma se retira; et
ce fut un grand bonheur pour l'assemblée, qui courait risque d'étouf-
fer. — On donna alors un libre cours
à l'expression d'une gaîté bruyante;
et, pendant un quart-d'heure, tout
le monde fut en convulsion, à l'ex-
ception de Dufeuil, qui regrettait sa
fourniture.

Le calme un peu revenu, on s'ap-
pesantit sur les détails. — Derville ne
manqua pas une si belle occasion de
raconter les choses telles qu'il les

avait apprises, le matin, du chevalier, et fit remarquer, pour l'édifica-
tion de l'auditoire, par quelle suite
rare d'événemens merveilleux ; le
Ministre s'était trouvé puni à l'avance,
par sa digne moitié, de l'infidélité
qu'il méditait. — Valbrun trouva fort
piquant, qu'en croyant pourvoir à
ses propres plaisirs, l'Excellence eût
soigné ceux de sa femme, &c. &c.

Que les hommes sont méchans !

CHAPITRE VII.

Que l'on peut passer.

Derville et Valbrun, après avoir couru une partie de la journée, pour les affaires de ce dernier, causaient ensemble en prenant le café.

Que ferons-nous ce soir ? demandait l'un.

Ma foi, je l'ignore, répondait l'autre.

Aller chez madame Dufeuil qu'ils avaient encore vue la veille, eût été au moins imprudent. — Il entrait dans leurs projets de la faire servir à leurs intérêts près du gouvernement. — Mais ils savaient bien tous deux, Valbrun, qu'on perdait souvent à se rendre importun ; Derville, qu'on gagnait beaucoup à se faire desirer. —

Après avoir parcouru nonchalamment tous deux un cercle de questions assez insignifiantes, ils décidèrent que n'ayant point fait de toilette, le temps n'étant pas favorable à la promenade, le spectacle seul leur offrait pour ce soir une ressource contre l'ennui.

Nous irons donc au spectacle, dit Derville en sonnant pour faire atteler?

VALBRUN.

Auquel? Sera-ce aux Français?

DERVILLE.

Aux Français ! — Y bâiller ? —
Mollé ni Contat n'y jouent : jamais je
n'y vais que pour eux.. ...

VALBRUN.

Tu es difficile, si Fleury, et Me-
zeray, et Devienne ne t'y attirent
pas quelquefois.

DERVILLE.

Hé bien soit : encore ceux-là. —
Mais dans quel cadre de médiocrité
ces talens supérieurs se trouvent-ils
enchâssés ! — Dumas me tue avec
son air empesé, qu'il voudrait faire
passer pour l'acquit du bon ton, et
la fatigante monotonie de madame
Petit me cause des étourdissemens.

II.   F

— Parlerai-je du farceur Dugazon ; de l'éternel Florence, de Baptiste le *télégraphe*, de....?

VALBRUN, *l'interrompant.*

Ne perds pas ton temps à qualifier des artistes d'ailleurs estimables par des épithètes outrées qui ne prouvent souvent rien que la causticité de la critique, sans en justifier l'objet. — J'admire moins dans le théâtre français les talens individuels qui l'honorent en s'immortalisant, que le rare et parfait ensemble qu'il présente depuis la réunion opérée à la salle de la République. Il faut d'ailleurs de l'indulgence, et parce que l'on n'a pas les talens de Lekain, on peut n'en être pas moins bon acteur.

DERVILLE,

Tu parles de la tragédie, et c'est

encore pis. — Tu parles de Lekain, est-ce pour que je lui oppose Talma? — Talma, l'acteur favori de Ducis, autant au-dessous de l'élève de Voltaire, que le poète-philosophe est lui-même au-dessus de l'auteur du roi Léar? Talma, formé au milieu des orages d'une affreuse révolution, l'honneur de la scène nouvelle, le créateur du rôle atroce d'Othello, le furibond Talma, qui, en s'abusant lui-même sur le genre et l'expression des passions, les éprouve en forcené, et les rend en énergumène. — Il ne fut jamais l'homme de la nature, et ne sera jamais celui de son poète; l'incomparable Racine. — Au reste, pour en revenir à ce parfait ensemble, qui causait tout à l'heure ton enthousiasme, je dois avouer qu'il est toujours bien en scène avec mademoiselle Raucourt, cette actrice si célèbre, qui a succédé à l'emploi des

Dumesnil, des Clairon, sans succéder à leurs talens; qui, pareillement, a ouvert une carrière toute neuve à l'art dramatique; et, par l'effet d'une erreur trop généralement suivie, prenant la fureur pour de la sensibilité, les cris pour des accens, les poumons pour de l'ame, offre, dans tous ses rôles, au spectateur épouvanté, le tableau de l'enfer en raccourci.

VALBRUN.

Tu t'échauffes, et l'amertume de tes sarcasmes n'est pas proportionnée à son motif.

DERVILLE.

Notre théâtre est bien tombé, mon cher! — Si j'ai poussé mes comparaisons peut-être un peu trop loin; si, emporté par le vif intérêt que m'ins-

pire cette belle partie des beaux-arts,
j'ai peu ménagé certains individus,
il n'en est pas moins vrai qu'il aurait
réellement besoin d'une remonte dans
les deux sexes.

VALBRUN.

A qui en est la faute ?

DERVILLE.

Je sens qu'on ne doit pas toujours
l'imputer aux artistes. Le goût s'est
tellement dépravé, l'habitude d'entendre aboyer aux tribunes l'a si
fort corrompu, que les spectateurs
ont exigé l'exacte imitation des for-
cenés, dont ils venaient d'écouter les
harangues bruyantes. Il s'établit une
sorte de lutte entre les orateurs et
les acteurs : c'étaient toujours des
comédiens ; et l'honnête homme ne

3

peut se rappeler sans frémir, combien
ils ont ensanglanté la scène. Il est
plus aisé de crier que de bien dire;
d'outrer la nature, que de la peindre.
D'un côté, les poumons l'emportaient
toujours ; de l'autre , on adopta les
mêmes moyens , pour produire les
mêmes effets : la médiocrité s'en em-
para , et le mauvais goût les applaudit.

VALBRUN.

Tout cela ne revient-il pas à l'opinion que j'allais énoncer , que le
parterre, ce tribunal sans appel,
mais souvent égaré , formait et gâ-
tait, à son gré, le théâtre ? L'effer-
vescence révolutionnaire, en altérant
tous les principes du beau , nous a
quelquefois amenés au point de le
méconnaître. Si, lorsque Raucourt
se déchirait les entrailles, et, dans

des momens de tendresse, faisait autant de contre-sens que de contor-
sions, on l'avait sifflée; si, la première fois que Talma a franchi les
bornes de la nature et du sentiment,
on avait accueilli, par le plus froid
silence, un écart plus dangereux encore que séduisant, ce genre mons-
trueux que l'on appelle anglais,
n'aurait pas prévalu parmi nous; et
les émules de deux artistes très-re-
commandables par leurs talens, se
seraient bien gardés de les imiter.
— Quoi qu'il en soit, trouve-nous
un Voltaire, et nous aurons des
Lekain.

DERVILLE.

Je fais la guerre à tout. — Ce siècle
est le contraste frappant du précédent; et il semble placé au milieu
des temps par la main de la fatalité,

pour faire ombre au brillant tableau
que ce dernier présente. Sciences,
littérature, beaux-arts, politesse,
tout, à la voix d'un seul homme,
était sorti pour ainsi dire du néant;
et, comme si les génies de chaque
pays avaient entendu l'appel fait à
ceux de France, ils semblaient s'être
concertés pour paraître dans le même
temps, et former, de la réunion de
leurs lumières, un immortel fais-
ceau, où nous allons encore de temps
à autre puiser quelques étincelles.
— Nous n'avons rien de passable
dans aucun genre. En art dramatique,
que nous a-t-on donné depuis *le Phi-
linte* et *le Vieux Célibataire?*— Une
foule d'ouvrages éphémères, de jolis
riens, qui, à la vérité, possèdent le
mérite de justifier parfaitement leur
titre. — Est-ce *Ophis ?* est-ce *Guil-
laume Tell*, *Epicharis*, *Montmo-
rency* ou *Pinto*, qui pourront soutenir

le parallèle avec les chef-d'œuvres de Corneille, de Racine, de Voltaire, et même de Crébillon? — En éloquence, opposerons-nous nos modernes Démosthènes, aux Fénélons, aux Bossuet, aux Massillon, voire même aux Fléchier et aux Thomas?

VALBRUN.

Tu t'établis le censeur de ton siècle, et ton esprit aigri ne rend pas justice à quelques hommes, dont le mérite et les ouvrages peuvent balancer l'éclat des noms illustres que tu viens de citer.

DERVILLE.

Ah! oui; par exemple, ces traducteurs de romans anglais, dont la plume famélique enrichit périodiquement les bas-fonds de notre littéra-

ture de toutes les pauvretés dont
accouche le morose cerveau de nos
voisins : productions, dont, à la
longue, la lecture nous communi-
quera l'ennuyeux *spleen*, qui les
enfanta.

VALBRUN.

Encore une fois, il est des auteurs
qui nous ont consolés des ravages
causés par ce débordement de pi-
toyables écrits, et qui soutiennent
avec honneur la gloire d'un siècle,
dont leurs ouvrages éterniseront la
mémoire. Les ouvrages philosophiques.....

DERVILLE.

Comme le dictionnaire des athées,
n'est-ce pas ? Cette compilation indi-
geste, cet amas informe de citations,

de raisonnemens, qui tend à ébranler la morale jusque dans ses bases , et doit inspirer autant d'étonnement pour la mémoire de l'auteur , que de pitié pour sa logique , et de mépris pour sa personne !

VALBRUN.

Si tu m'interromps toujours , ce n'est pas la peine de me laisser commencer une phrase. — Je parlais de philosophie : Rousseau , Voltaire, Diderot, Montesquieu , d'Alembert, Raynal et plusieurs autres , sont-ils des écrivains ordinaires ?

DERVILLE.

Nous disputons depuis une heure sans nous entendre. A dieu ne plaise que je veuille ternir la réputation méritée de ces grands hommes ; je

6

parle de nos contemporains, et certes, je te conseille de t'enorgueillir des découvertes astronomiques , métaphysiques , économiques , aérostatiques , et tous les noms possibles en *ique.....*

VALBRUN.

Parce qu'un fou , anti-attractionnaire ennemi de Newton , qu'il n'a jamais lu , et de la géométrie , qu'il n'a jamais apprise , veut établir de nouveaux systêmes ; qu'un rival de Cassini découvre des montagnes dans les planètes , et qu'un écervelé veut y monter, il ne faut pas en conclure qu'on ne fait rien que de mauvais. Au reste, je consens encore à restreindre au petit nombre d'années qui se sont écoulées sous nos yeux , la décadence dont tu te plains si amèrement. Je te combattrai avec bien plus d'avantages, lorsqu'il sera question de sciences exactes. — Certes, elles se sont enrichies d'un grand nombre de découvertes précieuses; la physique, les mathématiques ont acquis un degré de perfection, qu'elles doivent à nos contemporains. Et la chimie, dont, au siècle dernier, on soupçonnait à peine l'existence, devenue, grace aux soins des Lavoisier, des Vauquelin, des Chaptal, des Berthollet, des Fourcroy, une des branches les plus importantes de nos connaissances, nous éclaire de son flambeau, pénètre le mystère des opérations les plus cachées; et, tour-à-tour, analysant et combinant, pouvoir destructif et créateur, arrache ses secrets à la nature, et rivalise avec sa puissance. — Si les ouvrages philosophiques n'ont point atteint ce degré de supériorité, attribuons-le d'abord au peu de choses qui restent

à-dire sur beaucoup de points essen-
tiels de morale ou de législation , et
aux distractions qui ont détourné ,
d'un pareil sujet , des auteurs peut-
être capables de l'aborder avec succès. — Malheureusement , la politique , ou , pour mieux dire , nos
troubles politiques , en bouleversant
toutes les choses , en exaltant toutes
les têtes , en s'emparant de tous les
esprits , ont réclamé l'emploi de
toutes les facultés. Tel eût été dans
son cabinet un publiciste éclairé , qui
ne fut à la tribune qu'un orateur médiocre ; tel autre se serait illustré dans
la culture des lettres , qui s'est sali
dans la rédaction des journaux ; tel
autre enfin eût été dans le cercle un
homme aimable , qui , sur le grand
théâtre , ne s'est vu qu'un embryon
politique , et ridicule et méprisé.
Tant il est vrai de dire , que toutes
les fois que nous sortons de la place

qui nous a été marquée par la nature, notre genre d'esprit et l'éducation, nous nous exposons à nous ravaler au-dessous de nous-mêmes. — Si le cardinal de Richelieu, si médiocre poète, n'avait fait que des tragédies, il n'eût pas jeté les fondemens de la gloire de Louis XIV. Si le prince Eugène avait gardé le petit collet, il aurait végété dans quelque bénéfice ; et l'empereur, privé de son plus ferme appui, n'aurait pas résisté aux armes et à la puissance, alors colossale, de la France.

DERVILLE.

Tu parles comme un livre. Et puisque les sciences exactes sont les seules qui aient trouvé des défenseurs dignes d'elles, et qu'il n'y a point aujourd'hui d'Opéra où nous puissions aller admirer les progrès de la mécanique, allons chez Nicolet. — Là, du moins, nous en jouirons tout à notre aise, et nous n'aurons le droit de nous plaindre que du machiniste.

Cette mauvaise plaisanterie, bien assortie au caractère de son auteur, termina une conversation, qu'on trouvera peut-être trop longue, mais qui pourra servir à prouver que nos jeunes gens, au milieu des plaisirs, dans l'âge de la frivolité, s'occupaient parfois à penser, et que la légéreté n'est point toujours incompatible avec les connaissances.

Ils passèrent ensemble le reste de la soirée à causer de madame Dufeuil et d'Emma; Derville conseilla à son ami de faire un peu sa cour à la première; et se chargea de détruire pleinement, près de la seconde, les impressions défavorables qu'elle paraissait nourrir contre son amant. — Ils dressèrent ensemble les articles d'un plan de conduite , également nécessaire à la sûreté de l'un comme aux plaisirs de l'autre , et se promirent d'en tirer le double avantage de réunir l'utile à l'agréable.

CHAPITRE VIII.

Une visite.

DERVILLE n'oublia pas la promesse qu'il avait faite au prétendu peintre, de le raccommoder avec sa maîtresse, et se rendit chez madame Dufeuil, qui se souvint fort à propos qu'elle devait une visite à madame de Lymours, cette jolie et intéressante veuve, à qui elle avait une fois prêté sa voiture. Elle voulut y mener Emma, et Derville, un peu connu du père de la jeune femme, s'offrit à leur donner la main.

La fille de monsieur de Telnange

était seule dans son salon. — Elle éprouva, en appercevant les dames, une émotion visible, qui les surprit d'abord ; mais l'œil de la jalousie est pénétrant, et madame Dufeuil eut bientôt deviné que l'ingrat, le volage Derville n'était pas sans mérite aux yeux de l'aimable veuve.

Jusque-là, il n'y avait que de quoi flatter son amour-propre ; mais les hommages de son amant, sans cesse détournés sur madame de Lymours ; mais ses coups-d'œil furtifs ; mais le feu avec lequel il la louait, tout lui fit craindre d'éprouver une seconde fois sa légéreté.

Elle chercha les moyens d'y remédier, et crut les avoir trouvés dans..... — Mais n'anticipons pas sur les événemens.

Madame de Lymours combla les

deux dames de politesses et d'égards.
C'était sur-tout Emma que ses prévenances avaient en vue ; et tout ce
qu'elle accordait à la richesse de madame Dufeuil, au rang, que depuis
peu elle tenait dans le monde, c'é-
tait à ses vertus, à ses graces, que
la sensible Emma le devait.

Monsieur de Telnange ne tarda pas
à rentrer : il était suivi de l'homme
noir, qu'Emma retrouva avec plaisir
dans cette société.

La conversation s'anima entre ces
six personnes, et devint aussi intéressante que spirituelle, si toutefois
on peut donner ces épithètes à un
dialogue aisé, soutenu, naturel, dans
lequel aucun interlocuteur ne se per-
mit de calembourgs, et qu'aucune
dame n'égaya d'une dissertation sur
la mode du jour.

On parla littérature, spectacle,
plaisirs; et, ce qui étonnera sans
doute, on ne dit pas un mot de mé-
disance. Derville, se trouvant en
petit comité avec des personnes
capables de le juger, s'était dé-
pouillé de cette écorce de légéreté,
qu'il portait dans le monde. — Jamais
il n'était plus aimable que lorsqu'il
le voulait, et ce jour-là il le voulait
fortement. Son élocution facile, le
piquant de ses saillies, le choix de
ses pensées, toujours rendues par un
tour fin, précis et heureux, le fai-
saient écouter avec un plaisir qui tenait de l'avidité. Madame Dufeuil,
fière de son amant, semblait, par ses
regards orgueilleusement joyeux,
dire : *Il est pourtant à moi, cet
homme si aimable !* — Madame de
Lymours, subjuguée, contenait,
dans les bornes d'un silence, que
sa physionomie rendait expressif, le

sentiment d'admiration qu'elle s'étonnait d'éprouver.

Derville maniait la parole avec grace et dextérité : il possédait surtout l'art de ces allusions adroites, dont la finesse et le mérite appartiennent aux circonstances. — La jolie veuve l'avait, au premier coup-d'œil, intéressé vivement ; et sans avoir un but bien déterminé, il parsemait sa conversation de traits ingénieux, dont l'application pouvait également se faire, et par la femme à aventures qui l'avait rendu heureux, et par la femme honnête avec laquelle il souhaitait peut-être le devenir.

Il se ménagea si bien, qu'opposant chez madame Dufeuil, l'amour-propre à la jalousie, elle ne put lui savoir mauvais gré de déployer une

amabilité, dont tout l'éclat rejaillis-
sait sur elle ; et que, n'ayant pour
madame de Lymours que des attentions partagées avec sa rivale , il la
maintint dans une sorte d'inquiétude
très - propre au développement du
sentiment qu'il desirait lui inspirer.

Ainsi , un homme exercé peut ;
maître de toutes les affections de
l'ame , les diriger vers un but fixe ,
et les plier à ses projets; ainsi, par
une savante combinaison des passions qu'il met en jeu, et dont tous
les ressorts sont à ses ordres, il sait
faire tourner au profit de la défaite ,
les moyens qu'on voulait accumuler
pour la résistance.

Monsieur de Telnange , qui avait
long-temps vécu à la cour , avec ce
qu'il y avait de plus aimable , monsieur de Telnange , autrefois initié

dans le secret de toutes les petites intrigues, ne se méprit point sur les intentions de Derville. — Elles l'alarmèrent peu : sa fille était tendre, mais la leçon qu'elle avait reçue de Florval devait, à l'avenir, la rendre circonspecte dans ses choix. — Derville, d'ailleurs, pouvait offrir à madame de Lymours la perspective d'une alliance extrêmement avantageuse. D'après cela, sans chercher à trop effrayer sa fille sur les suites que pouvaient avoir les assiduités de ce nouvel adorateur, il résolut de la prémunir indirectement contre les attaques d'un homme qui passait pour être aussi perfide que dangereux ; et pour y parvenir, engagea insensiblement la conversation sur les jeunes gens à la mode.

Derville, quoique lui-même très à la mode, allait peut-être les draper, lorsqu'on annonça madame de Naville, à laquelle, au grand étonnement de tout le monde, le petit chevalier donnait la main.

Madame de Naville était liée avec madame de Lymours; c'était chez elle que le chevalier avait déjeûné le jour qu'il s'était si comiquement évadé de chez le Ministre. Il la tourmentait depuis lors pour le présenter chez son amie, et elle avait cédé ce jour-là à ses importunités.

Il fut reçu avec cette politesse froide, dont on se sert envers les gens avec lesquels on ne veut pas être ouvertement malhonnête. Mais, payant d'effronterie, comme à son ordinaire, il parvint bientôt à se faire distinguer par sa gentillesse, comme Derville l'avait fait par son amabilité.

II. G

Madame de Lymours me pardon-
nera-t-elle ma hardiesse ? — Sans
les bontés de madame de Naville,
son amie, je n'eusse jamais osé....

Madame sait, repartit la jeune
veuve, combien elle me fait de plaisir en venant me voir. Elle n'aime
pas à sortir seule ; et je ne puis,
monsieur, vous en vouloir de m'avoir
procuré, en lui offrant de l'accompagner chez moi, l'occasion de recevoir aujourd'hui sa visite.

Sellin eut l'air de se contenter de
cette réponse, quoique peu enga-
geante. Il donna l'essor à sa gaîté,
et fut plus sémillant que jamais.

Derville n'était pas trop satisfait
de le voir reçu dans cette maison ;
mais, sûr d'y conserver l'avantage,
et se rappelant une commission de

Valbrun, il voulut bien le laisser, pour un moment, maître de la conversation. Il se rapprocha d'Emma ; et afin de pouvoir lui parler plus à son aise, engagea une querelle entre l'homme noir et le petit Sellin.

Vous avez, l'autre jour, bien mal reçu monsieur Félix, mon ami. — Il a été peiné d'un accueil auquel peut-être il n'avait pas droit de s'attendre.

Monsieur..... dit Emma, surprise et embarrassée.

DERVILLE.

Je sais tout. Lié avec *lui* depuis ma plus tendre enfance, nous n'avons rien de caché l'un pour l'autre...

L'HOMME NOIR, *à Sellin.*

Non, monsieur, jamais je ne conviendrai de ce que vous me dites là.

2

DERVILLE, *toujours bas*, *à Emma.*

Quelques apparences perfides ont égaré la justesse de votre jugement.

SELLIN, *à l'homme noir*, *avec fatuité.*

Monsieur , chacun son opinion : c'est la mienne.

DERVILLE, *de même.*

Sa sûreté motive une froideur qui est loin de son ame; et mes conseils, les conseils de son ami, de moi, qui vous suis sincèrement attaché , ont causé un léger mal, qui cesse d'en être un , à compter du moment où vous êtes prévenue.....

L'HOMME NOIR , *durement*, *à Sellin.*

Ce que j'en dis, monsieur ? que

vous avez tort, parbleu, que vous avez tort.

madame DUFEUIL.

Qu'en pensez-vous, monsieur Derville ?

DERVILLE.

Que monsieur de Sellin se trompe dans sa manière de voir les choses.

LE CHEVALIER.

Oh ! j'appelle du jugement....

DERVILLE, *bas*, *à Emma*.

Si Félix a l'air indifférent....

madame DUFEUIL, *à Derville*.

Eh bien ! vous l'entendez : on ne

3

vous reconnaît pas pour compé-
tent.

DERVILLE, *plus bas, à Emma.*

Je puis vous assurer que Valbrun
vous adore. N'en croyez plus si facilement vos yeux. . . .

madame DUFEUIL.

Vous entendez. . . . ou vous n'entendez pas. . . . .

DERVILLE, *haut.*

Ah ! parfaitement , je vous jure.
(*Se baissant pour ramasser son gant,
il dit à Emma :*) Comptez sur son
amour et sur mon zèle.

madame DUFEUIL, *piquée.*

Monsieur a des distractions. . . .

DERVILLE, *légèrement.*

Elles seraient impardonnables près de vous, mesdames. Avec des droits égaux à nos hommages, ce que vous appelez des distractions ne serait qu'un encens partagé.....

Emma rougit beaucoup, de peine et de plaisir à-la-fois. Elle pouvait enfin croire Valbrun fidèle. Tous ses maux s'effaçaient à ses yeux. — Tel est, sur les ames neuves comme la la sienne, l'invincible pouvoir du sentiment. Tantôt, il trace à l'imagination épouvantée, une série de malheurs, dont la seule appréhension est une infortune; tantôt, d'une main légère, il efface, en souriant, de cruels souvenirs.

Derville, qui, lorsqu'il s'agissait

4

de la maîtresse de son ami, semblait
oublier son caractère habituel, pour
ne songer qu'au plaisir de lui être
utile, eut bientôt démêlé son embarras, et la cause qui le produisait.
Il ranima sur-le-champ la conversation prête à languir, et détournant
avec art et sans affectation l'attention générale de dessus la jeune
orpheline, il parvint à opérer une
diversion puissante, dont chacun lui
sut gré, sans que personne en eût
deviné le motif. Il persiffla légèrement, sur son aventure avec le Ministre, le petit chevalier, qui prit
fort bien la plaisanterie; et, grace
à la gaîté de ces messieurs, la soirée
s'écoula sans que l'on eût pensé à
demander des cartes.

Madame Dufeuil, flattée de nouer
connaissance avec une famille noble
et considérée, engagea, avant de

sortir, monsieur de Telnange et sa fille à assister à un *thé*, qu'elle se proposait de donner, et étendit à toutes les personnes présentes, une invitation accueillie avec plaisir.

CHAPITRE IX.

L'ascension d'un aéronaute.

LA dernière ascension de Garnerin
était annoncée depuis plusieurs jours ;
et le temps , en rébellion ouverte
contre les progrès d'un art aussi intéressant que celui de la navigation
aérienne-, avait , jusqu'alors , forcé
de retarder l'expérience. — L'amour
de la gloire , ou celui de l'argent ,
faisait craindre à l'intrépide rival des
Mongolfier, des Blanchard, qu'il ne
continuât à le désespérer. La saison
s'avançait fort..... Enfin, un matin ,
le soleil se montre sur l'horizon , et
promet une assez belle journée. —

Aussi-tôt les murs sont couverts d'affiches de toutes couleurs, qui annoncent aux passans, que pour le prix modique d'un petit écu, ils seront libres de jouir du majestueux spectacle attendu depuis si long-temps, et de l'expérience un peu périlleuse de la descente en parachute.

Le parc de Mousseaux était le lieu fixé. Une foule immense le remplissait. — Comme on le pense bien, madame Dufeuil n'avait pas manqué de venir la grossir, et la complaisante Emma l'avait accompagnée. Toutes les deux dans la fleur de la jeunesse, parées de leurs graces et de leur beauté, elles semblaient s'en disputer le prix. — Madame Dufeuil n'avait point étalé de diamans; sa mise, ce jour-là, était aussi simple que celle de sa pupille; et si celle-ci avait la fraîcheur du bouton délicat prêt à s'épanouir, sa compagne brillait de tout l'éclat de la rose à son printemps.

Cette partie de plaisir s'était formée si subitement, qu'elle n'avait pas eu le temps d'en faire prévenir Derville. — A défaut d'autre, il fallut que Dufeuil l'accompagnât ; mais elle n'eut pas long-temps le ridicule de paraître en public avec son mari. — Le premier objet qui frappa ses regards en arrivant à Mousseaux, fut Valbrun qui mettait pied à terre ; et, dès qu'il l'eut apperçue, s'empressa de venir poliment lui offrir sa main. Une aimable rougeur couvrit le front d'Emma ; mais cette rougeur portait plutôt l'expression du plaisir que celle de la colère. Il vit que son ami l'avait bien servi la veille chez madame de Lymours ; et, enchanté du succès de son entremise , fut plus aimable qu'il ne l'avait encore paru.

L'homme noir , qu'on trouvait partout , était aussi à Mousseaux. Sa misanthropie, ou cette humeur que l'on appelait ainsi dans la société , avait un caractère de gaîté rare chez ce moderne Alceste. — Il accosta les deux dames. Ses observations , à-la-fois piquantes et judicieuses , pouvaient également les instruire et les amuser. — Une femme avait - elle quelque chose à se reprocher (et le nombre en était grand à Mousseaux comme ailleurs) , elle échappait difficilement à l'âcreté de sa censure.

En attendant le moment de l'ascension , on se promenait. — Beaucoup de femmes étaient cependant assises dans la petite plaine au milieu de laquelle reposait le superbe ballon.

— Madame Dufeuil, qui, depuis un quart-d'heure, causait assez particulièrement avec monsieur Félix, voulut prendre place comme les autres. L'homme noir se tenait debout devant elle, et continuait à faire pleuvoir les sarcasmes.

Quelle est donc cette femme si élégante, demanda Valbrun à madame Dufeuil ?

Celle-ci, au lieu de lui répondre, se pinça les lèvres et sourit.

Ma question aurait-elle été indiscrète ?

Oh ! mon dieu non ; elle est plus étonnante que déplacée.

Je ne vois pas....

Mais, c'est que cette femme est

très-connue. Demandez-le plutôt à Monsieur. (*Et elle montrait l'homme noir.*)

L'HOMME NOIR.

De qui voulez-vous parler ?

madame DUFEUIL.

Il est question de cette dame, qui passait il n'y a qu'un moment. — Eh ! la voilà qui revient sur ses pas....

L'HOMME NOIR.

Je craindrais de révolter des oreilles trop délicates, en publiant ce que je sais sur son compte. — Ce dont monsieur, qui paraît être étranger, peut se tenir assuré, c'est que la licence de sa tournure n'approche pas celle de ses manières.

VALBRUN.

Vous êtes pour elle plus sévère encore que pour tant d'autres.

L'HOMME NOIR.

C'est que je l'ai suivie davantage.
J'ai assisté à son entrée dans le
monde. — Son début promettait : il
a tenu parole.

madame DUFEUIL.

N'étiez-vous pas en garnison dans
la ville où elle s'est mariée ?

L'HOMME NOIR.

Cela est vrai; et je me rappelle
de lui avoir entendu dire, dans un
épanchement de cœur, qu'elle ne se

donnerait point de repos , qu'elle n'eût mérité et acquis une réputation *à la Faublas.*

VALBRUN.

Vous nous parliez tout à l'heure de son début.....

L'HOMME NOIR.

Mademoiselle Emma se promène encore ; je puis vous raconter brièvement cette première aventure , digne prélude de celles qui l'ont suivie.

Mon régiment était en garnison à ***, grande ville du Nord de la France , habitée dans ce temps par madame de Cercy , très-jeune alors , et nouvellement mariée. — Un de nos jeunes gens , éperdument amoureux d'elle , avait su, ce qui n'était pas très-difficile , obtenir un retour flatteur. — Le mari ne recevait que fort peu le militaire, et les occasions manquaient totalement aux deux amans désespérés. — Un beau jour, madame de Cercy annonce à *Monsieur,* qu'elle veut s'habiller en homme, et sortir dans ce costume ; elle exige même qu'il l'accompagne à une promenade peu fréquentée. — Il n'y avait personne qu'une jeune fille assez jolie, qui prenait le frais avec sa mère. — Nouveau caprice de la part de madame de Cercy, qui veut, dit-elle, essayer sur un cœur novice le pouvoir de ses masculins attraits. Le bon époux , riant tout bas de cette singulière fantaisie , consent à lui laisser faire sa cour, et s'éloigne à quelque distance. Comme il s'applaudit de l'a. mabilité de sa femme , quand il la voit, après avoir abordé d'un air cavalier la pauvre innocente , la subjuguer par

son jargon, s'emparer de son bras, et
bientôt disparaître avec elle ! — Il
serait encore là à se réjouir, si une
petite pluie, qui survint, ne l'avait
obligé à retourner chez lui, où il s'attendait bien à la plus plaisante scène
dont il eût jamais été témoin ; car il
ne doutait pas que le prétendu jeune
homme n'eût mené sa brillante conquête à l'hôtel. — Il fut un peu dé-
concerté en ne l'y trouvant pas. — Il
attendit. Les heures s'écoulèrent ;
personne ne paraissait. Son inquiétude, toujours croissante, ne lui per-
mit pas de rester plus long-temps. Il
courut aux informations.... — Hélas !
il n'en était plus temps. La grisette
avait enlevé son joli séducteur, dont
les précautions s'étaient étendues jusqu'à garnir ses poches des pièces les
plus précieuses de son écrin. Les
deux coupables avaient déjà trouvé
un asyle assuré sur les terres impé-

riales; et le pauvre mari, joué, raillé, volé, trompé, et encore quelque chose de plus, dut attendre en patience qu'il plût à sa fidèle moitié de revenir chercher, dans les bras de l'hymen, le pardon des fautes de l'amour.

VALBRUN.

Et il la reprit?

L'HOMME NOIR.

Eh! pourquoi pas? — On voit bien, à cette exclamation, que monsieur n'habite pas depuis long-temps la capitale.

VALBRUN.

Monsieur de Cercy, je pense, en était effectivement plus digne que moi.

madame DUFEUIL.

Mon dieu, messieurs, ne finirez-vous pas vos éternelles médisances ?

Comme elle achevait cette apostrophe, madame de Cercy, qui n'était plus alors madame de Cercy, car elle avait quitté ce nom pour porter le sien propre, vint s'asseoir auprès de Valbrun.

Emma passa dans ce moment avec monsieur Dufeuil, et un murmure d'approbation qui s'éleva autour d'elle, colora son teint d'un incarnat plus vif. — Cette marque de pudeur n'échappa point aux hommes de la société de madame de Cercy : ils s'observèrent, et se disposaient à la louer, quand cette dernière oubliant toute retenue.....

Lecteurs, qui que vous soyez, nous saurons vous respecter davantage que madame de Cercy ne se respecta elle-même. — Mais comment concilier ici la dignité de l'histoire avec l'exactitude de l'historien ? — Salirons-nous ces pages de la simple indication de ce propos si connu d'un poète licencieux, et duquel le dégoûtant cynisme ne peut être comparé qu'à l'audacieuse effronterie de la bouche qui osait le répéter ? — On avait vanté la pudeur d'Emma ; et madame de Cercy, jalouse de sa beauté, récita sur le champ.....

La plume nous tombe des mains.... Jeune fille, passez à l'autre paragraphe. Libertin curieux, que votre mémoire sert mal, prenez un de vos auteurs favoris : ouvrez Piron, car je n'ai pas le courage de m'appesantir davantage sur des périphrases qu'à ma place madame de Cercy vous épargnerait sans doute. — Ouvrez Piron; vous y trouverez, sur la rougeur et sur ses causes, deux vers alexandrins très-harmonieux; et si le fait est encore obscur pour vous, allez, pour éclaircir vos doutes, dans la société de madame de Cercy, qui se connaît trop bien en définitions et en belle poésie, pour que nous cherchions à lui ravir l'honneur de ses citations savantes, pas plus que leur mérite et leur décence.

Valbrun n'en pouvait revenir. — Il croyait d'abord avoir mal entendu : mais le propos s'était tenu à ses oreilles ; et, en levant les yeux, la confusion, la contenance embarrassée de quelques-uns des hommes de la suite de cette femme, qu'il traitait dans son esprit de bacchante déhontée, le convainquirent bientôt de la réalité.

Enfin, le signal fut donné, et Garnerin bientôt parut au haut des airs. — Il n'avait aucune compagne de voyage. — Ses élèves, restés simples spectateurs de sa gloire, se contentaient de le suivre de l'œil, et de le soutenir de leurs vœux.

Comment peut-on s'exposer ainsi, dit Emma. Il me fait trembler.....

Vos craintes, répondit l'homme noir, ne sont pas dénuées de fondement. — Mais le dévouement insensé d'un fou peut n'être pas inutile à la perfection des arts, aux progrès de nos connaissances. — Celui-ci, par exemple, au reste fort ignorant, mais protégé par son bonheur, et bien servi par le hasard, pourrait quelque jour en reculer les limites. Des écervelés de ce genre sont à l'avancement des sciences, ce que les sentinelles perdues sont à la sûreté d'une armée.....

Il allait continuer, quand, au grand plaisir des spectateurs, le parachûte s'étant détaché de l'aérostat, on vit le héros triomphant descendre dans cette peu commode voiture, et aborder à terre sans se casser le cou. — Il en fut quitte pour une entorse.

Cinq minutes après on n'y pensait plus; et la brillante réunion fut de nouveau réduite à la monotonie d'une promenade tumultueuse et fatigante.

Que de gens auraient besoin de parachûtes, dit en riant madame Dufeuil à Valbrun.

II.   H

Dans cette hypothèse , dit aussi-
tôt l'homme noir, on ne ferait plus
que des faux-pas , mais on en ferait
toujours. Il y a tant de plaisir à bron-
cher!.... tant de gens sont intéressés
à en maintenir la mode !

Le maudit censeur ! pensa en elle-
même la tutrice d'Emma.....Et elle
détourna sur-le-champ la conversation.

Tout-à-coup on la vit alternative-
ment changer de couleur, pâlir., et
l'homme noir s'en inquiétait déjà,
quand un ris sardonique bien pro-
noncé , bien amer , vint prendre sur
ses traits la place de la compassion
qui s'y peignait une minute avant.—
L'impertinence était grande.....,..
Tout autre que l'homme noir l'eût
payée cher..... Un regard de dépit

fut la seule punition que l'on osa lui
infliger.

Il y fut peu sensible, et ne s'en dé-
concerta point. — Mais qu'avait-il
pour rire ainsi sans sujet ?..... Madame Dufeuil avait rougi : était-ce
une raison pour se moquer d'elle ?
— Elle avait pâli : était-ce un motif
de raillerie ?.....— Quoi, lecteur
pénétrant, vous ne devinez pas ?

L'homme noir était observateur :
le caractère de madame Dufeuil lui
était familier. Il l'avait vue, jusques-
là, plus occupée des moyens de s'atta-
cher des adorateurs, que du soin de
conserver à l'amant en faveur une
fidélité sans bornes. Plus légère encore que tendre, tous avaient été
quittés, et l'on avait ri de leurs regrets, après s'être amusée de leurs
soupirs. — L'homme noir avait ap-

2

perçu Derville donnant la main à madame de Lymours. Le grotesque tableau de ses prédécesseurs, près de
sa rivale, s'était présenté à son imagination. — Il les voyait tous, vengés
dans le même instant, de la même
manière, et le volage objet de leurs
vœux, vaincu par ses propres armes.
— En fallait-il davantage pour exciter
la causticité de son humeur ?

Valbrun, qui avait aussi tout ob-
servé sans rien dire, eut pitié de la
situation de madame Dufeuil, et
l'aida à se remettre un peu. Cette
attention délicate ne fut pas perdue.
Elle lui en témoigna sa gratitude par
des prévenances marquées, aux-
quelles monsieur Félix aurait pu,
sans trop de vanité, assigner une
cause plus active que la simple re-
connaissance ; et choisit, pour cela,

un instant où Derville , placé assez près d'elle , pouvait l'observer.

O douleur ! en apparence uniquement occupé de l'aimable veuve , il ne vit ou ne fit semblant de voir, ni sa rivale , ni la peine inutile qu'elle prenait pour lui inspirer de la jalousie. — Mais Emma s'en apperçut, et, sans pénétrer le motif , ne s'attacha qu'aux effets. — Modeste à l'excès , aveugle sur ses propres perfections , elle crut découvrir une concurrente redoutable dans sa tutrice ; et bientôt Valbrun , le perfide Valbrun ne fut plus à ses yeux qu'un ingrat qu'il fallait oublier pour jamais.

Celui-ci ne s'était pas mépris sur les manières de madame Dufeuil à son égard. Il y avait reconnu sans peine les traces d'un dépit mal déguisé, plus flatteur pour son ami que

3

profitable pour lui-même. Mais le moment approchait où il allait avoir besoin d'elle et de son crédit, où sa position critique allait nécessiter une confidence entière. Sa vie, son existence politique et civile, le sort de cinquante mille livres de rente, l'assurance de son bonheur, allaient peut-être dépendre du degré d'intérêt qu'il aurait inspiré à une femme connue pour son adresse en fait d'intrigue.... Il hésita.... Emma le regardait. — Il lui lança un coup-d'œil expressif, qui la rassura un peu; et, pendant le reste de la soirée, fit sa cour à madame Dufeuil enchantée.

CHAPITRE X.

On s'est brouillé dans le Chapitre précédent, on se raccommode dans celui-ci.

QUE faire, quand un perfide amant nous délaisse, se demandait tristement une femme jeune et jolie ?

S'en consoler en apparence, répondait l'amour-propre.

S'en venger, s'écriait le dépit.

Pleurer, murmurait l'amour, tapis dans un petit coin, quoiqu'il n'eût pas voix délibérative au conseil.

S'en consoler !... C'est aisé à dire.
— Les larmes sont bien tristes , mais
du moins.... elles embellissent quelquefois.... — La vengeance....?
elle a ses douceurs.....

Et l'on se décide pour la vengeance.

C'était précisément ce qu'avait
voulu faire madame Dufeüil. — Mais
la vengeance n'est assurée qu'autant
qu'elle frappe l'indigne objet qui l'a
excitée. — Et si malheureusement
l'indifférence avait rendu son cœur
inaccessible à ses coups?..... —
Alors..... il faudrait tout mettre en
usage pour le rappeler.....

Le rappeler ! — Ah! belle dame ,
l'infidèle vous est toujours bien cher !

Oh! mais, ce serait pour le quitter
ensuite la première.

C'était ainsi que madame Dufeuil s'était raisonnée pendant toute la journée qui avait suivi la fête de Mousseaux. C'était ainsi que, s'abusant elle-même sur la nature de ses motifs, elle croyait satisfaire son amour-propre irrité , tandis qu'au fond , elle le sacrifiait au sentiment le plus doux comme le plus irrésistible.

Il faudra donc , à quelque prix que ce soit , renouer avec un ingrat.....! — Que sait-on ? — Peut-être faire les avances.... Le jeune peintre est pourtant très-bien..... — Oui , mais cela a-t-il un rang , des richesses, une maison , cet étalage d'opulence si bien fait pour flatter le cœur d'une femme à la mode? — Non , il ne peut un seul instant balancer son ami.... Mais.... est-ce réellement un peintre ? — Si c'était ce vicomte qu'Emma connaissait..... Quelle apparence ! Il

5

est mort..... — Pourtant, son embarras lorsqu'elle le rencontra chez Tortoni, le feu de leurs regards mutuels..... — Ceci changerait bien la thèse. Un homme de qualité !... — L'amant aimé d'une jeune personne sur laquelle le hasard nous a dévolu certaine autorité.... qu'il s'agirait de punir de ce qu'elle est plus fraîche, plus jolie, plus douce, plus instruite!... — On éclaircira ce doute salutaire..... mais en attendant, monsieur Derville..... pour vous.... — Il faudra bien le garder.... Il est si aimable ! — Mon dieu ! que les femmes sont folles ! Ne semblerait-il pas qu'un mauvais génie se plaît à leur faire toujours préférer celui que sa légéreté devrait exclure ?

Grand-merci, madame, rendez-moi, je vous prie, cette plume, avec laquelle vous venez de décrire si naturellement les incertitudes d'une coquette amoureuse et délaissée. — Que d'obligations ! Nous révéler ainsi le *secret du corps !* Nous dévoiler la marche des opérations du raisonnement dans un cerveau féminin, agité par deux passions contraires ; le sentiment et la vanité ! — Jamais, sans vous, nous n'eussions osé commencer ce chapitre. — Avec toute cette belle pénétration, dont nous nous targuons tant, nous ne sommes plus que des nigauds, quand il s'agit de vous deviner. — Encore une fois, grand-merci.

Sept heures venaient de sonner. — Dufeuil, qui avait enfin obtenu sa fourniture, en dépit du Ministre, qui ne pouvait plus le souffrir, Dufeuil, tout occupé des préparatifs de son départ, n'avait pas dîné chez lui ;

6

et sa femme et sa pupille étaient res-
tées en tête-à-tête.

Il n'est que sept heures, s'écria la
première ! — Quelle maussade journée que celle d'aujourd'hui ! — J'ai
une migraine affreuse....

Voudriez-vous que je fisse monter
quelque chose, demanda Emma ?

Eh ! non, mademoiselle, je vous
remercie ; je me porte mieux à présent..... — Voyez s'il me viendra
quelqu'un !

Mais, madame, vous vous rappelez sans doute que la porte a été fermée tout le jour.

Ah ! oui. (*Elle sonne.*) Je suis visible. Allez dire au portier qu'il laisse
monter....tout le monde.... — Tout

le monde ! — Ah ! Il va me pleuvoir des ennuyeux.... Le seul moyen de les éviter maintenant est de sortir.....
— Mademoiselle, ne voulez-vous pas venir aux Italiens ?

Emma savait ce que signifiaient ces interrogations négatives.

Madame, je ne me sens pas très-bien....

Il faut vous soigner, ma chère ; j'irai seule. (*Elle sonne.*) Qu'on mette les chevaux.

Quelle voiture madame prend-elle, demanda le laquais ?

Quelle imbécille question !

Madame avait hier la berline, veut-elle.....

· Pourquoi pas la voiture de voyage?
Mon dieu! que ces gens-là sont bêtes!
— Ma diligence gros vert.

Monsieur l'a prise ce matin, parce
que la sienne était à raccommoder.

Tout conspire à me contrarier....
Que je suis malheureuse! — Je ne
sortirai pas..... Mais que faire ici?
— (*Elle sonne.*) Qu'on attelle à la
berline.....

Emma ne savait à quoi attribuer
cette humeur. — Après le départ de
madame Dufeuil, elle se retira dans
son appartement. — Là, jouissant
enfin de la solitude qu'elle avait vainement cherchée depuis plusieurs
jours, elle tâcha de se rendre compte
à elle-même des diverses sensations
qui l'agitaient. — Elle aimait Valbrun
plus encore qu'autrefois. L'idée des

dangers qu'il avait courus, la crainte de ceux qui l'environnaient sans cesse, en le rendant plus intéressant, l'avaient aussi rendu plus cher. — Elle réfléchit à loisir sur le malheur de sa destinée, qui ne lui avait fait retrouver l'ami de son cœur, le compagnon des jeux de son enfance, que pour la convaincre de sa froideur, peut-être de son inconstance. — Cependant, les avis que Derville lui avait donnés se retraçaient de temps en temps à sa mémoire : mais il est des situations où l'ame se plaît dans sa douleur. — Elle rejetait bien vîte ces idées trop riantes, pour s'abandonner de nouveau aux regrets, et passait ainsi dans les combats d'une cruelle anxiété, des heures que madame Dufeuil, dont elle enviait le bonheur, consumait lentement dans un parfait ennui.

Il n'y avait personne aux Italiens.

Le brillant Elleviou, la naïve St.-Aubin
se reposaient ce jour-là. — Le spectacle était d'un triste ! — Comme madame Dufeuil bâillait dans sa loge !

Bientôt cependant, une sensation
plus active vint remplacer l'ennui
sans détruire l'humeur. — Derville,
en face d'elle, seul, et bâillant aussi !

Au bout d'un quart-d'heure, il s'a-
visa de la voir, et salua profondé-
ment.... Bon, se dit-elle; le traître
va venir. — Comme je vais le traiter !

Point du tout : le traître ne vint
pas.

Enfin, il parut dans la loge, et
jouant la surprise :

Quoi ! seule ici !

madame DUFEUIL, *sans presque le regarder.*

J'aime beaucoup cet étonnement.

DERVILLE.

C'est qu'en honneur, je vous croyais avec quelqu'un. — Sans cela, eussé-je autant tardé à venir vous rendre mes devoirs ?

madame DUFEUIL.

Si monsieur s'était donné la peine de regarder.....

DERVILLE, *souriant.*

Moi, madame ! — Si je n'ai pas regardé, c'est que je craignais peut-être d'en trop voir.

madame DUFEUIL, *avec humeur.*

Que voulez-vous dire ? — Expliquez-vous.... Cette phrase est réellement d'une politesse.....

DERVILLE.

Se fâcher de la supposition du mal, n'est-ce pas en justifier le soupçon, en motiver la possibilité ?

madame DUFEUIL, *piquée.*

Que je vous reconnais bien, avec vos insidieuses questions ! — Allez les adresser à madame de Lymours....

DERVILLE, *finement.*

Madame de Lymours vous occupe ?

Madame Dufeuil sentit qu'elle avait

fait une école, en parlant la première, et trop tôt. — Elle se mordit les lèvres, et feignit d'écouter l'ouverture, qu'on venait de commencer.

Derville répéta : Madame de Ly-mours vous occupe ?

madame D U F E U I L.

Pas plus que vous.....

D E R V I L L E.

Quoi ! de la jalousie ? — En vérité ; je ne mérite pas cet honneur....

madame D U F E U I L.

Et qui vous a parlé de jalousie , s'il vous plaît ?

D E R V I L L E, *en riant.*

Comme certain grand faiseur de

charades, aucune affection de l'ame ne m'échappe.....

madame DUFEUIL, *méchamment.*

C'est apparemment parce que vous êtes rarement l'objet de celles du cœur.

DERVILLE.

Et c'est justement là pourquoi je suis enchanté de vous voir un peu de jalousie.

madame DUFEUIL.

De la jalousie ! moi !

DERVILLE, *persifflant.*

Il est vrai : son allure est bien différente !

madame D U F E U I L.

Il faut que l'amour - propre soit ; chez certains hommes, bien adhérent au sentiment de leur importance réelle ou prétendue....

DERVILLE.

Oui, je le répète, de la jalousie ; et si vous dites encore un mot, prenez-y garde..... il y aura de la colère, du dépit..... — Savez-vous que cela serait très - flatteur pour moi ? — Allons, calmez cette petite fureur, de grace. — Seriez-vous injuste à vous - même au point de redouter une concurrence....

madame DUFEUIL, *l'interrompant.*

Concurrence !.... — Vos termes sont choisis.

DERVILLE, *continuant.*

Une concurrence à tous égards disproportionnée , et sur-tout (*en la regardant tendrement*) aussi faible à mes yeux ?

madame DUFEUIL , *en elle-même.*

Il revient ; tourmentons-le un peu maintenant. (*Haut, en riant.*) En vérité , Derville , *encore un* mot , et vous tombez dans la langueur.— *Savez-vous que cela serait bien flatteur pour moi ?*

DERVILLE , *piqué.*

Si vous ne m'avez jamais vu bien tendre.....

madame DUFEUIL, *riant.*

C'est que je n'en valais pas la

peine.....? Vous allez me dire de grosses injures....

DERVILLE, *très-gaîment.*

Me croiriez-vous si mal-adroit ?

madame DUFEUIL.

Il est vrai que je ne songeais plus à cette heureuse présence d'esprit qui vous sert encore moins à embellir vos victoires qu'à plâtrer vos défaites.

DERVILLE, *gaîment.*

Vous parlez de plâtrer.... — Eh ! grand dieu ! qui ne sait que la matière manque, depuis que nos plus jolies femmes l'ont épuisée ?

madame DUFEUIL, *piquée au vif.*

La délicatesse de vos allusions est

touchante ! Si tous vos amis avaient cette détestable habitude de persiffler à tort et à travers.....

DERVILLE, *l'interrompant.*

On ne les trouverait pas si aimables.....

madame DUFEUIL.

Hé bien ! monsieur, quand monsieur Félix m'aurait plu......

DERVILLE, *jouant l'étonnement.*

Monsieur Félix ! — Félix ! — Madame a pensé que c'était lui que j'avais en vue ?

madame DUFEUIL.

Je le répète : quand il m'aurait plu.....

DERVILLE.

Il serait fort heureux. — Je suis enchanté que vous m'ayez parlé de lui. Je craignais de vous mettre sur son chapitre, et le tout, par délicatesse; car.....

madame DUFEUIL.

Car?.... Achevez : ce serait dommage de rester en si beau chemin.

DERVILLE.

Car je n'ai pu cacher ma surprise en vous voyant ici sans lui.

madame DUFEUIL, *riant d'un rire forcé.*

Monsieur voudrait me faire accroire.....

DERVILLE, *l'interrompant.*

Oh ! je dois vous féliciter sur l'ac-
quisition d'un tel prodige.

madame DUFEUIL, *outrée.*

Le compliment serait honnête !

DERVILLE, *toujours persifflant.*

C'est que c'est la perle des jeunes
gens, que cet artiste-là. — J'ai voulu
le faire jaser, moi, son ami d'enfance ;
le croiriez-vous ?....

madame DUFEUIL, *avec un peu*
d'inquiétude.

Que vous a-t-il dit.... ?

DERVILLE, *avec malice, l'examinant*
attentivement.

Ce qu'il m'a dit ? — Ce qu'il m'a

dit.....: — Rien, absolument rien;
mais sans doute il n'en a pas moins
pensé, et je n'en ai pas moins cru....
— C'est un miracle de discrétion....

madame DUFEUIL.

Il ne serait donc ni votre disciple,
ni votre ami.....

DERVILLE, *avec nonchalance.*

Pas même mon rival.

madame DUFEUIL, *outrée.*

C'en est trop. — Pousser la gaîté
jusqu'à la licence, la raillerie jusqu'à
l'insulte....!

DERVILLE, *jouant la bonne-foi.*

Je croyais, moi, vous adresser le
plus doux compliment. — Mais, au

2

fait, cela n'est-il pas arrangé d'hier
soir ?

madame D U F E U I L, *le regardant*
fixement.

Vous ne croyez pas un mot de tout
ce que vous dites depuis une demi-
heure.

D E R V I L L E.

Mais cette promptitude n'aurait
rien d'étonnant.

madame D U F E U I L, *avec mépris.*

Monsieur me juge d'après lui.

D E R V I L L E, *sévèrement.*

Je suis fâché que madame Dufeuil
me force à lui rappeler que, s'il existe
une raison de mon opinion là-dessus,

il ne faudra pas la chercher au-delà de l'année qui vient de finir.

madame DUFEUIL , *les larmes aux yeux.*

On n'a pas de plus indignes procédés que les vôtres.

DERVILLE , *avec intérêt.*

Hé quoi ! aurai-je été assez malheureux pour vous faire quelque peine ?

madame DUFEUIL , *fondant en larmes.*

Non , monsieur, continuez; abusez de ma faiblesse avec la triste supériorité que vous donnent les avantages fortuits de votre sexe. Abreuvez de regrets le cœur sensible que vous déchirez à plaisir. — Non content d'y verser tous les poisons de la jalousie , comblez-le des mépris que sans doute

3

il mérite , pour avoir cédé à la douceur de votre encens , à la perfidie
de vos hommages. — Osez lui faire un
crime d'une faute que vous avez pro-
voquée , et que vous punissez si
cruellement. Ajoutez l'injustice à
l'adresse , l'insolence à la fausseté ;
et jouissez à loisir , en contemplant
dans ma personne , la victime de vos
affreux procédés, dans ma douleur,
l'ouvrage de votre barbarie.

DERVILLE, *tendrement.*

Souffrez que je baisse votre voile...
Les larmes vous rendent si belle ,
que je serais jaloux si d'autres que
moi.....

madame DUFEUIL.

Cruel ! et c'est vous qui les faites
couler.....

DERVILLE.

Il n'est donc pas vrai que Félix....

madame DUFEUIL.

Ah ! je serais trop heureuse si madame de Lymours vous était aussi indifférente.....

DERVILLE.

Allons, vous faites l'enfant. — Jamais je ne vous vis plus séduisante..... Quelle femme pourrait te disputer la palme de l'esprit et de la beauté ?

madame DUFEUIL.

Réellement, madame de Lymours.

DERVILLE.

Encore madame de Lymours ! —

4

Venez avec moi dans ma loge. Le temps est humide ; et l'air est froid ici. — J'ai fait faire du feu dans le petit salon.....

madame DUFEUIL.

Oh ! jamais.....

DERVILLE, *tendrement.*

Je ne suis donc pas pardonné ?

madame DUFEUIL.

Méchant ! vous n'êtes que trop assuré du contraire.

DERVILLE.

Il n'y a ame qui vive qui pourra dire nous avoir vus ensemble....

Et, malgré sa résistance, il l'entraîna tout doucement ; et, malgré sa résistance , il la fit entrer dans sa loge ; et, malgré sa résistance. . . .

. . . .

. . . .

madame DUFEUIL, *après un soupir*.

Homme inconcevable et chéri! que vous me faites de peine !

DERVILLE , *finement*.

Et de plaisir ? — Jamais ?

Un baiser fut sa réponse.

5

CHAPITRE XI.

Les bains de Poitevin.

Madame Dufeuil, que Derville
avait tranquillisée, eut bientôt chassé
cette humeur noire qui l'obsédait depuis le jour de la fête de Mousseaux.

L'hiver ramenait avec lui la saison
des plaisirs. La foule empressée des
adorateurs assiégeait l'hôtel de Dufeuil; car, quoique Derville fût réellement aimé, on n'avait pas renoncé
pour lui à tout ce qui embellit l'existence d'une petite-maîtresse. — Madame Dufeuil, nous sommes forcés
d'en convenir, a toujours beaucoup

aimé les adorations ; et Derville, dont la vanité se plaisait à faire trophée d'une conquête qu'il avoit rendue presqu'impossible pour beaucoup d'autres, Derville n'avait pas cherché à lui ôter un goût dont il aimait l'éclat, sans en craindre les suites. — Il eût été fâché de se voir supplanté, mais bien plus piqué, peut-être, de n'avoir point de rivaux.

Pour comble de bonheur, Dufeuil venait de partir pour l'Italie. — Il allait probablement doubler ses capitaux, et les douces illusions de l'espérance se réunissaient aux jouissances plus vives de la réalité présente, pour faire éprouver à son heureuse épouse tout le charme dont la vie est susceptible.

La situation d'Emma, moins brillante, avait aussi ses agrémens. Elle

6

voyait Valbrun, et s'occupait sans
cesse de lui. — Tout, jusqu'aux inquiétudes inséparables d'un sentiment de la nature du sien, et des circonstances qui l'entouraient, tout
contribuait à lui faire chérir chaque
jour davantage, non-seulement l'a-
mant que son cœur avait choisi, mais
encore l'époux destiné à sa main par
l'autorité paternelle. — Elle n'était
pas tranquille sur l'issue des démarches dont le succès devait rouvrir à
Valbrun les portes de sa patrie ; mais
l'espérance, ce baume consolateur,
cette affection magique qui nous fait
vivre dans l'avenir, la douce espérance la berçait de ses plus riantes
chimères.. .. ...

Derville voyait toujours et souvent
madame de Lymours : nous ne sa-
vons comment il s'était arrangé ; mais
il était parvenu à faire entendre rai-

son à madame Dufeuil, qui commençait à souffrir un peu plus patiem-
ment, qu'il portât aux pieds de sa
jolie veuve un encens qu'elle croyait
peut-être n'avoir pour but qu'un ma-
riage de convenance très-sortable
pour l'un et l'autre, et qui, en donnant plus d'aplomb à son léger amant,
lui eût assuré pour plus long-temps
la possession de ses hommages.

Quelques jours après son raccom-
modement avec lui, précisément
celui où elle devait donner ce thé auquel elle avait invité madame de Lymours, et qui avait été retardé par
les préparatifs du départ de Dufeuil,
elle voulut se baigner; et comme on
raccommodait sa salle de bains, elle
se fit conduire à ceux de Poitevin.

Deux femmes étoient dans le cabinet voisin. La mince cloison qui l'en

séparait , légèrement déjetée en quelques endroits, en lui facilitant l'intelligence de leur conversation , lui donnait encore la faculté de les distinguer sans en être vue.

Madame Dufeuil était curieuse; et de meilleure foi sur cet article que sur bien d'autres , elle en convenait. Qu'on ne soit donc pas scandalisé de la voir , tantôt la prunelle, tantôt l'oreille appliquée à une ouverture à sa portée , surprendre par un malin espionnage , les secrets des deux amies.

La moins jeune ne lui était pas inconnue : elle l'avait quelquefois vue dans le monde , et sa curiosité en redoubla.

Oui, ma chère , disait-elle, c'est ainsi que je m'en suis débarrassée , mais ce n'a pas été sans peine.

Oh ! combien la maîtresse de Derville regretta de n'avoir pas écouté quelques minutes plutôt ! car il paraissait qu'une première confidence était déjà faite. Cependant elle continua à prêter l'oreille.

L'aventure est excellente , répondit l'autre en éclatant !

(C'était une petite femme de dix-neuf à vingt ans, dont la physionomie respirait l'esprit. Madame Dufeuil ne l'avait jamais vue.)

Ah ! la vengeance est un grand plaisir, reprit la première !

Si toutes celles d'entre nous qui conservent un peu leur tête dans les occasions pressantes , se liguaient contre ces monstres dont . . . . .

Mon Dieu ! ma chère , auriez-vous

encore à vous en plaindre ? Seriez-vous victime de leurs indignes manœuvres ?

Hélas ! non pas précisément victime de leur perfidie, mais bien le jouet de leur fausseté.

Ah ! contez-moi donc cela.—Quelque tour neuf peut-être.......

Je n'aurois pu m'empêcher de le trouver piquant, si........

Si vous n'en aviez pas été l'objet. —Mais de grace, parlez.

Madame Dufeuil se colla l'oreille à l'ouverture de la cloison. Elle s'amusait beaucoup de la discrétion des dames : elle ne perdit pas un mot de leur dialogue, quoique la petite femme eût baissé la voix.

Vous connaissez Florbel, dit-elle :

vous vous rappelez de sa beauté, de son maintien décent, quoique assuré ; de sa retenue extrême, de ses graces timides qui avoient fait tant d'impression sur mon cœur ?

Quoi ! et celui-là aussi serait un volage !........

Ecoutez-moi jusqu'au bout. — A peine sorti de l'adolescence, son âge, autant que ses manières, devait me faire présumer que la corruption était étrangère à son cœur. Ses transports, chaque jour plus vifs, semblaient m'assurer d'un amour qui n'aurait changé que pour augmenter. Cependant, un matin, je surprends une lettre que lui écrivait une maîtresse alors à la campagne.

Vous devîntes furieuse, j'en suis sûre....?

Oui, du moins je le parus. — Mais
le traître, usant de ses armes ordinaires, me dit avec une douceur si-
mulée, que cette lettre qui m'inquiétait tant, pourrait devenir au contraire le gage de ma tranquillité. —
« Il est vrai, ajouta-t-il, que j'ai eu
» avec cette dame une liaison assez
» suivie, long-temps avant de vous
» avoir vue; mais il n'en subsiste plus
» que le souvenir; et si notre corres-
» pondance dure encore, c'est qu'il
» m'en a coûté de l'engager à la ces-
» ser, et que des ménagemens indis-
» pensables . . . . . — Si maintenant
» il vous restait quelques doutes, or-
» donnez. Je suis prêt à tout faire
» pour vous convaincre de ma bonne.
» foi. — Faut-il lui écrire, que mon
» cœur, enchaîné par d'autres nœuds,
» ne peut plus, sans fausseté, répon-
» dre aux mouvemens du sien? —
» Faut-il . . . . ». — Je le pris au mot.

Il écrivit sous ma dictée la lettre de rupture la mieux conditionnée. Il y apprenait à ma rivale qu'un autre attachement le maîtrisait pour la vie ; qu'il aurait manqué à l'honneur, à tous les procédés, s'il avait plus longtemps tardé à l'en instruire, etc. etc. Je cachetai la missive, et je la mis moi-même à la poste.

Jusqu'ici tout va le mieux du monde. — Et vous vous plaignez ?

J'étais alors enchantée. Assurée de la sincérité de Florbel, je me livrai sans réserve au sentiment qu'il m'inspirait, lorsqu'un jour, le trompeur, apparemment las de feindre, et cherchant peut-être un prétexte pour rompre, me montra la réponse de sa belle. — Jugez de ma surprise, en y voyant d'un bout à l'autre des protestations d'un amour éternel, digne récompense de sa fidélité! Mais bientôt l'étonnement fit place à la fureur, lorsqu'il m'apprit de l'air le plus tranquille comment il s'était tiré de ce mauvais pas. — Je le croyais neuf, le jeunehomme, et il avait fait un coup de maître. — Il m'avoua, qu'un peu embarrassé d'abord, il avait, pendant quelques instans, désespéré de parer le coup. Mais la réflexion l'avait bientôt déterminé. Par le même courrier il s'était hâté de l'avertir que, par suite d'une impardonnable étourderie, elle devait recevoir une lettre qui ne lui était pas destinée. Il s'était trompé d'adresse, disait-il : c'était à une rivale qu'il écrivait, et le traître faisait valoir comme une marque d'amour ce sacrifice où j'avais cru, moi, trouver la dernière preuve de son indifférence parfaite.

Le ton de dépit avec lequel la petite femme prononça cette dernière phrase , n'empêcha point son amie de se livrer aux éclats de la plus bruyante gaîté.

Madame Dufeuil imita de bon cœur cet exemple , et sortit de chez Poitevin dans les plus heureuses dispositions à l'espiéglerie.

FIN DU TOME SECOND.

www.ingramcontent.com/pod-product-compliance
Lightning Source LLC
Chambersburg PA
CBHW071938090426
42740CB00011B/1743